新时代天津市竞技
人力资源培育方案研究

金宗强　张小刚　著

天津社会科学院出版社

图书在版编目（CIP）数据

新时代天津市竞技人力资源培育方案研究 / 金宗强，
张小刚著. -- 天津 ：天津社会科学院出版社，2021.8
ISBN 978-7-5563-0770-8

Ⅰ. ①新… Ⅱ. ①金… ②张… Ⅲ. ①竞技体育－人
才培养－研究－天津 Ⅳ. ①G812

中国版本图书馆 CIP 数据核字(2021)第 201535 号

新时代天津市竞技人力资源培育方案研究
XINSHIDAI TIANJINSHI JINGJI RENLIZIYUAN PEIYU FANG'AN YANJIU

出版发行：天津社会科学院出版社
地　　址：天津市南开区迎水道 7 号
邮　　编：300191
电话/传真：（022）23360165（总编室）
　　　　　（022）23075303（发行科）
网　　址：www.tass-tj.org.cn
印　　刷：北京建宏印刷有限公司

开　　本：787×1092　毫米　　1/16
印　　张：16.5
字　　数：251 千字
版　　次：2021 年 8 月第 1 版　2021 年 8 月第 1 次印刷
定　　价：68.00 元

序

　　体育后备人才培养关系体育事业的全面、协调、可持续发展,必须始终高度重视并不断创新。事实证明,一个国家的体育事业要取得进步与发展,抓好体育后备人才培养的基础建设是重中之重,对于我国体育强国建设目标的实现具有重要战略意义。站在新时代的历史起点上,2017年12月6日,国家体育总局、教育部联合制订并印发了《关于加强竞技体育后备人才培养工作的指导意见》(以下简称《指导意见》),是新中国成立以来第一个专门针对竞技体育后备人才培养工作出台的指导性文件,对进一步贯彻落实党的十九大精神和习近平总书记对体育工作的重要指示精神,对于完善竞技体育后备人才培养体制,创新竞技体育后备人才培养工作机制,开创新时代竞技体育后备人才培养新局面具有重要战略意义。

　　本研究综合运用管理学、体育学、统计学等多学科知识,采用文献资料法、统计预测法、SWOT分析法、问卷调查法、系统分析法等研究方法,基于竞争格局对新时代天津市竞技人力资源培育方案进行了研究。全书共七章:(一)概述;(二)背景分析:竞技体育的时代使命;(三)理论借鉴:竞技体育人力资源研究;(四)竞争格局分析:以2008年奥运会省市竞争格局预测为例;(五)实证调查:新时代天津市竞技人力资源现状;(六)系统设计:新时代天津市竞技人力资源培育方案;(七)个案应用:足球俱乐部运动员绩效评价体系。

总体来看,本项研究具有如下价值和特点。

第一,研究背景新。

在回顾天津市竞技体育发展历史的基础上,立足新时代,主动对接新要求,积极贯彻新理念,研究竞技人力资源的培育方案,为实现区域竞技体育可持续发展提供理论依据。

第二,研究视角新。

竞技体育的竞争归根结底是人才的竞争,本专著将人力资源管理的最新研究积极引入竞技人力资源管理实践,既利于前者应用范围的创新,又利于后者的快速发展与完善。

第三,研究方法新。

本专著将综合运用统计法等定量分析方法与比较法、SWOT 法等定性分析方法相结合,同时体现了传统研究方法与现代研究方法的结合。

第四,应用价值高。

本专著从竞技人力资源角度为新时代全力保证区域"金牌战略""体育强市"等目标的实现提供可操作途径。

本专著为天津市高校"学科领军人才培养计划"成果,由项目负责人金宗强担任总策划和审定,并带领部分团队成员完成。具体分工情况如下:金宗强(天津体育学院)负责第一章、第四章、第六章、第七章;张小刚(天津体育学院)负责第二章、第三章、第五章。其他成员参与了资料收集与整理工作。

感谢为本专著撰写提供借鉴资料的各位专家学者,感谢本团队所有成员付出的努力。由于时间仓促和本团队水平所限,书中难免有不妥之处,敬请广大体育同仁和朋友批评指正。

2021 年 4 月

摘　要

　　一个省市竞技体育的兴衰成败在很大程度上取决于竞技人力资源的优劣。事实表明,当前不同国家、不同省市之间竞技体育竞争的实质已经表现为竞技人力资源的比拼。体育,作为社会发展和文明进步的重要标志,是一个国家综合实力和竞争力的重要体现,是建设社会主义现代化强国不可或缺的重要力量。习近平总书记的多次重要讲话和指示批示不仅表明体育工作在中华民族伟大复兴"两个一百年"建设目标和任务中的突出引领作用,更为新时代我国体育工作指明了方向和目标,提出了新要求、新使命、新任务。

　　本研究综合运用管理学、体育学、统计学等多学科知识,采用文献资料法、统计预测法、SWOT 分析法、问卷调查法、系统分析法等研究方法,基于竞争格局对新时代天津市竞技人力资源培育方案进行了研究。主要包括以下六个部分研究内容。

　　第一部分,从小康社会与和谐社会建设、创新型国家建设等国家战略背景分析了对竞技体育的要求,从多极化竞争格局、职业体育快速发展、高水平竞技人才培养科技化、专门化分析了对竞技体育的影响,并阐述了竞技体育强国建设在体育强国建设中的作用以及奥运争光在竞技体育强国建设中的作用,以期揭示、明晰新时代我国竞技体育所肩负的历史使命,为竞技体育发展提供方向和目标。

　　第二部分,从竞技体育人力资源的概念、配置、结构、类型、特点进行了基础理论概述,从竞技体育人力资源的培养、激励、流动、控制等方面提供了竞技人力资源培育与管理基本范式参考,进而为本课题进行竞技体育人力资源培育方案研究提供了理论借鉴指导。

第三部分,依据预测理论与方法,以2008年奥运会省市竞争格局预测为例,在天津市参加历届奥运会省市竞争格局演变回顾的基础上,从国际国内两个层面分析了奥运会省市竞争格局变化的原因,结合2004年奥运会省市竞争格局的预测与现实比较,提供了各省市奥运会金牌比例的回归方程,进而完成了2008年奥运会省市竞争格局预测并分析了预测结果以及需要考虑的综合变化因素,最后运用SWOT法分析了天津市参加2008年奥运会的内部优势与劣势,外部机遇与挑战,为天津市系统备战好2008年奥运会提供了决策咨询。

第四部分,在对天津市竞技人力资源总体情况进行分析的基础上,采用实证调查,揭示出新阶段天津市竞技体育项目布局指导思想定位与调整实施对策,并从社会经济基础、政策、人力资源配置方式与竞技体育人才市场等方面分析了天津市竞技体育人力资源发展的影响因素。

第五部分,结合人力资源合理配置的主要环节,从人力资源规划、人员配置、招聘、考核、薪酬、培训等对新时代天津市竞技人力资源培育方案进行了系统设计。

第六部分,结合竞技体育的实体单位——足球俱乐部进行了个案应用研究,依据绩效评估理论与方法,从绩效评价体系构建原则、评价的内容与权重、评价的标准、评价的方式构建了足球俱乐部运动员绩效评价体系。

目 录

第一章

概　述

一、研究背景及问题的提出

体育,作为社会发展和文明进步的重要标志,是一个国家综合实力和竞争力的重要体现,是建设社会主义现代化强国不可或缺的重要力量。习近平总书记在 2017 年 8 月 27 日第十三届全国运动会开幕发表的《振兴体育事业 实现强国梦想》讲话中,强调"体育承载着国家强盛、民族振兴的梦想。体育强则中国强,国运兴则体育兴。要把发展体育工作摆上重要日程,精心谋划,狠抓落实,不断开创我国体育事业发展新局面,加快把我国建设成为体育强国"。同时,在党的十九大报告第七部分再次强调"广泛开展全民健身活动,加快推进体育强国建设"。习近平总书记的上述论点不仅表明体育工作在中华民族伟大复兴"两个一百年"建设目标和任务中的突出引领作用,更彰显青少年健康在学校落实"立德树人"根本任务中的重要性,同时,十九大精神和习近平总书记体育工作重要指示精神为新时代我国体育工作指明了方向和目标,提出了新要求、新使命、新任务。

"一个国家的竞技体育事业要取得进步与发展,不可没有人才。"纵观世界体育发展历程,一国竞技体育的发展历程,与该国的经济实力、历史文化和地理环境等息息相关,其中,人力资源及其开发与管理是现代竞技体育决胜的关键因素。当今世界各领域赖以发展的战略资源发生着根本性的变化,越来越转向人力资源。人力资源作为一国发展中最有持久竞争优势的重要资源,已经成为经济和社会发展的第一资源,国际体育竞争越来越演变成人力资源素质以及如何合理利用人力资源的竞争。抓好竞技体育人才培养是实现体育强国关键之所在,是竞技体育制胜的规律,对实现我国竞技体育的健康、持续发展至关重要。同样,一个省市竞技体育的兴衰成败在很大程度上取决于竞技人力资源的优劣。事实表明,当前不同国家、不同省市之间竞技体育竞争的实质已经表现为竞技人力资源的比拼。

站在新时代的历史起点上,2017 年 12 月 6 日,国家体育总局、教育部联合制订并印发了《关于加强竞技体育后备人才培养工作的指导意见》(以下简称《指导意见》),该《指导意见》对于未来更好地做好"体教结合""发挥学校体育的基础作用""各级各类体校的主体地位、分类管理及创新、转型发展"并逐步推进"政府主导、部门协同、社会参与"的多元化竞技体育后备人才培养机制提供了宏观指导和可操作蓝本。那么,如何贯彻落实好党的十九大精神和习近平总书记对体育工作的重要指示精神,结合新时代体育工作的新要求、新使命、新任务,遵循《指导意见》的新思想和指导,来创新我国青少年体育后备人才培养模式无疑是当前体育界亟待解决的现实问题。这又关乎能否回答好习近平总书记 2016 年在全国高校思想政治工作会议上对教育工作提出的"培养什么人、怎样培养人、为谁培养人"这一根本问题。

近年来,天津市体育局坚决贯彻习近平总书记重要指示批示精神,明确以备战奥运会和全运会为中心,狠抓竞技体育工作,实施"一金一策""一队一策""一人一策"培养方案,制定各项目运动队(员)专项备战奥运会、全运会工作方案和个性化综合保障措施,提升训练管理水平。

天津市体育局成立天津市冬季和水上运动中心,组建冰上、雪上、水上项目运动队,填补天津市冰雪项目空白。紧抓青少年体育,加强后备人才培养,修订《天津市青少年业余训练综合评估实施细则》和《天津市青少年体育训练基地管理办法(试行)》,发挥青少年训练基地和"8421 工程"学校在培养和选拔青少年体育人才中的重要作用,为竞技体育可持续发展奠定基础。积极举办、参与国内外高水平赛事,成功举办第十三届全运会、第十四届市运会、2019 年举重世界杯赛暨第 32 届东京奥运会资格赛、国际雪联越野滑雪积分大奖赛、中国天津国际冰壶公开赛、全国青少年 U 系列短道速滑比赛、ITF 国际网球女子巡回赛、WTA 天津公开赛、全国蹦床锦标赛、天津市马拉松赛等大型赛事,以赛代练,不断提升天津市运动员的竞技体育水平。

2019 年,天津市运动员在国内高水平赛事中获得 18 枚金牌;组建天津代表团参加第十一届全国少数民族传统体育运动会,获得 3 金、10 银、4 铜的优异成绩;在第二届全国青年运动会上天津代表团获得 23 金、23 银、38 铜的成绩;闫文港在第十四届全国冬运会钢架雪车比赛中勇夺冠军,实现天津参加全国冬运会金牌零的突破;吕小军在 2019 年世界举重锦标赛男子 81 公斤级比赛中夺得抓举、挺举和总成绩 3 枚金牌,创造了挺举和总成绩两项世界纪录;天津网球在 2019 年全国网球锦标赛上夺得男、女单打,男、女双打和女子团体 5 项冠军,张帅在 2019 年澳大利亚网球公开赛上夺得女双冠军;天津女排获得 2019 亚洲女子排球俱乐部锦标赛冠军、2019 年全国冠军赛冠军,在 2019—2020 赛季第 12 次获得中国女排超级联赛冠军。

在取得成绩的同时,天津市体育局坚决对兴奋剂问题"零容忍",成立天津市反兴奋剂中心,严格落实反兴奋剂责任追究,制定出台《天津市专业运动队反兴奋剂管理实施细则(试行)》,成立天津市反兴奋剂教育拓展教育基地,对教练员、运动员进行反兴奋剂培训,逐步完善天津市反兴奋剂防控体系,让天津体育"干净、纯洁",向"更好、更快、更高、更强"坚实迈进。天津竞技体育实力近年来不断增强,已经从能量的聚积期进入到释放期,开始步入加快发展的轨道上来,已经形成了体育大发展的环境和氛围。

在步入新时代新阶段之际,如何科学规划好天津竞技体育备战方案是关系能否再续辉煌,整体实力再迈上一个新台阶的关键所在。鉴于此,本研究基于新时代的新要求、新使命、新任务,破除发展困境,将在系统分析省市竞争格局的基础上,制订天津市竞技体育人力资源培育方案,为全面提升我市竞技体育竞争实力贡献力量,全力保证新时代"体育强市"目标的实现。

二、国内外研究进展

(一)我国关于竞技后备人才培养的研究

在我国,关于竞技体育的可持续发展与竞技人才的培养问题,长期以来一直是众多专家学者关注的热点。例如刘志民(2000)、杨再淮(2003)、钟秉枢(2003)、陈芳(2006)、潘书波(2007)、张凤珍(2008)、韩坤(2009)、刘旭东(2010)、孙克诚(2018)、杨蒙蒙(2019)等学者对竞技体育可持续发展中的人力资源地位、作用、培养模式、运行机制以及发展对策等进行了深入探讨。研究结果主要表现为:我国竞技后备人才培养存在储备不足、项目结构不合理、人才培养体制落后、成材率较低、学训矛盾突出、培养效益差、体教结合落实不到位、竞技体育职业化和实体化发展程度较低等突出问题。

(二)国外关于竞技体育后备人才培养的研究

西方发达国家竞技体育人才的培养是在学校里完成的,即通过"小学—中学—大学"或实业团体和俱乐部来发掘优秀的运动员。其中,中学是培养青少年运动员的摇篮,大学则是培养优秀运动员的高级阶段。换言之,青少年选手通过业余时间进行训练,始终不脱离学校教育。例如德国后备人才培养主要由体育俱乐部、学校、各体育运动协会承担。美国是以学校为中心,依靠学校的业余训练市场来培养后备人才。俄罗斯是依靠各种形式的儿童、青少年体育运动学校培养竞技后备人才。澳大利亚的后备人才培养主要依赖学校和社区俱乐部。

(三)文献评述

我国竞技体育发展已经进入"新常态",目前尚缺乏相关研究。国内文献研究,主要集中在新常态下不同行业领域中的存在问题和应对思路或建议等相对较为宏观的研究,缺乏对于新常态下我国竞技体育发展的相关研究。在我国经济发展进入"新常态"的背景下,我国竞技体育的发展也进入自身发展的新常态。实践证明,关于我国竞技后备人才培养的诸多对策或方案的实效性尚不够明显。国情不同,国外竞技后备人才的培养途径,难以在我国有效移植和运用。

综上,在我国竞技体育发展新常态的时代背景下,如何从竞技后备人才培养的"旧常态"转型到"新常态",如何选择我国竞技体育后备人才培养的路径,将是值得研究的重要问题。基于此,本研究拟对新常态视域下竞技体育竞争格局与竞技人力资源培育方案进行系统研究,以期探究并建立新时代有中国特色的省市竞技体育后备人才培养模式。

三、研究意义

(一)理论意义

1.科学审视新时期天津市竞技体育竞争格局,系统辨识我市竞技体育发展的优势、劣势、机遇与挑战。

2.制订新时期我市竞技人力资源培育方案,为实现天津市竞技体育可持续发展提供理论依据。

3.以天津市足球俱乐部为例,构建运动员绩效评价体系,为天津市其他项目的人力资源培育、管理和评价提供参考。

（二）实践意义

1. 全面提升天津市竞技体育水平,为在奥运会上再续辉煌和实现"金牌新突破"贡献力量,更为提升奥运会中国体育代表团竞争能力贡献力量。

2. 从竞技人力资源角度为新时代新阶段全力保证天津市"金牌新突破""体育强市""健康城市"等目标的实现提供可操作途径。

3. 了解天津市竞技体育系统人力资源培育方面的现存不足,通过研究,以期真正改善突出问题,为进一步提高天津市竞技体育人力资源培育质量和效率提供有效措施。

四、研究方法

（一）文献资料法

文献资料法是社会科学研究中比较常见、比较传统的研究方法之一。通过查阅相关期刊文章、课题开展情况,充分了解本课题研究领域的最新进展和已有研究成果。查阅相关资料,如政策文件、比赛记录、发展报告等,了解天津市竞技体育发展背景和竞技实力,为研究新时代天津市竞技人力资源培育提供了坚实的理论依据和研究思路。

（二）统计预测法

应用统计学预测方法,根据前两届奥运会省市竞争格局预测值与实际值之间的差距进行优化调整,并依据最近的一届奥运会省市竞争格局预测下一届奥运会竞争格局。

(三)SWOT 分析法

采用 SWOT 分析法,从内部优势与劣势、外部机遇与挑战,对省市竞争格局进行全面系统的剖析,以期进一步优化天津市竞技体育发展环境,提升其竞争力。

(四)问卷调查法

通过问卷调查法了解天津市竞技体育人力资源现状。采用开放式问卷,调查对象为天津市体育局相关负责部门,问卷内容包括以管理人员、教练员、运动员、裁判员、科研人员、医务人员为主的六类人群的数量规模、年龄、学历、职务(或职称)、运动等级(裁判等级)、相关业绩等基本情况,以及已经实施或正在拟定的竞技人力资源培育政策方案等资料。

(五)系统分析法

运用系统分析法对历届奥运会省市竞争格局的演变原因及下一届奥运会省市竞争格局进行全面系统的剖析;对新时代天津市竞技人力资源现状进行系统分析,并制订新时代天津市竞技人力资源培育方案。

第二章

背景分析：
竞技体育的时代使命

一、小康社会与和谐社会建设对竞技体育的要求

（一）实现竞技体育一元功能向多元功能转变

竞技体育功能是指竞技体育作为一种文化在满足社会及人的需要时所起的作用。[1]竞技体育只要在社会上存在着，它就必然会发挥其相应的功能。从某种意义上讲，人们对竞技体育功能的价值取向决定着一个地区和国家竞技体育的发展模式、战略重点和对策措施。因此，认识竞技体育对社会发展、人民生活的重要价值，从而更有效、更自觉地发挥竞技体育的多元功能，对于完善和丰富竞技体育理论体系，保证我国体育事业在全面建设小康社会与构建和谐社会的时代背景下健康、持续、快速地向前发展具有重大的理论与实践意义。[2]但是，社会本身是一个不断发展变化的动态系统，根植于社会之中的竞技体育及其功能也必然不断变化和发展。由于社会制度的差异、社会形态的不同，体育与特定的社会历史时期相联系，其功能亦有所不同或侧重。

譬如，新中国成立初期，受当时的国际与国内环境的影响，竞技体育的首要任务是在竞技赛场上拿金牌，争第一，为国家赢得威望。因此竞技体育为国争光的功能被突出，这种以为国争光为主导价值取向的观念和行为与当时占主导地位的政治需求是一致的。随着改革开放进程的深

入,人民生活水平显著提高,社会环境发生了巨大变化。竞技体育在促进城市发展、带动地区旅游业发展方面的作用也越来越凸显出来,例如,奥运会及大型地方体育赛事的举办所带来的带动效应让越来越多的国家和地区开始蓄力竞争赛事主办权。另外,竞技体育不仅反映了一个国家的综合国力和体育水平,更多的充当加强与世界交流、展示文化、反映精神的重要载体。竞技体育还具有着稳定社会和弘扬民族精神的良好作用。显然,面对功能日趋多元的竞技体育与已发生深刻变化的社会环境,竞技体育发展有了更高的要求。

我们必须承认,中国竞技体育在过去的几十年里振奋了民族精神,奠定了中国东方大国的国际地位;且近年来通过竞技表演业、体育器材制造业、健身娱乐业等不同领域体育产业的发展,在一定程度上发挥了促进经济发展的功能。然而我们也必须看到,我国竞技体育的功能开发还远远不够,难以满足全面建设小康社会和构建和谐体育的需要。因为小康社会与和谐体育的一个突出特点就是拓展体育的多元功能,以满足人们日益增长的多元需求。而我国竞技体育首先是功能领域不够,其功能应表现出经济功能、推动普及功能、教育功能、娱乐功能、促进个体社会化功能、健身功能等多元化;其次是开发力度不够,与国外体育产业的发展水平相比,我们尚存在较大差距。因此,我们必须吸取其他国家的经验教训,正确认识和深刻理解竞技体育多元功能及各功能之间的辩证关系,突破竞技体育单一功能的传统观念和行为模式,正确认识竞技体育在社会发展、经济建设、文化生活、人的发展等方面的作用,以及竞技体育在整个体育事业发展、推动群众体育的普及、加快体育产业进程等方面的作用与地位。

(二)由竞技体育大国向体育强国转变

伴随着我国改革开放和经济实力的迅速提高,我国竞技体育成绩取得了突飞猛进的发展。连续几届奥运会均取得了优异的成绩,特别是北京奥运会的成功举办和所取得的辉煌成绩,让国人振奋,令世界震惊。从亚运赛场八连冠到北京奥运会金牌榜第一,中国已当之无愧于"体育大国"与"金牌大国"的称号,可以说,我国已经成为竞技体育大国。但大国不等于强国,中国人的体质状况堪忧[3],国民体质监测指标显示,全国青少年体质连续二十年呈下降趋势。遥望"体育强国",中国体育仍任重道远。

我国距体育强国还有多远的差距,如何才能实现体育领域的强国目标,是我国现代体育转型发展的重要课题。"体育强国"一词,具有浓厚的爱国情结和中国特色,表现出国人迫切赶超和领先的价值追求。从内涵看,其包含了对体育人口、体育设施、体育场馆数量和产业产值等的定量因素以及对体育活动组织、体育参与幸福感等决定性因素的全方位协调和高水平领先,是体育硬实力和软实力相互作用呈现出的整体实力的绝对突破。从目前来看,我国体育发展现状与强国目标差距仍十分显著。"十四五"时期是我国迈向体育强国的重要时期,体育事业迎来了重要机遇和广阔空间。竞技体育巨大的社会功能和综合效应受到多方重视,竞技体育蕴含的丰富的精神价值成为共识,并激发了对竞技体育内涵的重新审视与思考。体育大国向体育强国的转变,是对新时期体育事业发展提出的新目标、新定位。中国正处在经济转型、社会变革以及全面实现现代化的历史进程中,这一进程的基本表现就是各项事业快速发展和基本实力持续提高,但反映其发展质量和效率的核心性能尚不完全具备。这一时期是颇具挑战的实现过程,需要以敏锐的眼光和广阔的视野,辨否妥,行力策,度时势。

从体育大国向体育强国迈进的目标,与到本世纪(21世纪)中叶实现中华民族伟大复兴的奋进目标是相一致的,皆为顺应时代的必然选择和价值追求。在步入新时代新发展阶段的今天,我们应清醒地认识到,体育发展不只是竞技体育的发展,还包括群众体育、学校体育、体育产业、体育文化等所有方面的进步和合理化过程,是体育与社会、体育与自然、体育与文化、体育与经济和政治不断趋于协调和合理化的过程,是体育的整体发展及体育与社会各方面相协调、可持续的发展。实现体育事业的新发展和新跨越,还要高度重视并充分实现新时期中国体育的社会价值和综合作用,努力实现从体育竞技大国向体育强国的跨越。

(三)竞技体育体现"以人为本"的原则

"以人为本"强调人是发展的动力,人是发展的目的,人是发展的标志,社会发展的最终目标是促进人的全面发展。而竞技体育活动中体现"以人为本"的关键环节在于运动员管理。因此,我国竞技体育的可持续发展必须实现运动员管理由社会本位向运动员本位转变,促进运动员的全面、协调发展。

以运动员本位的管理活动,强调以调动运动员的积极性、做好运动员的工作为根本。把提高运动员的素质,处理好与运动员之间的关系,满足运动员的需要,调动运动员的主动性、积极性、创造性的工作放在首位,从而突出运动员的主体作用。其核心就是通过运动员主观能动性的充分发挥取得最大效益。

坚持以运动员本位的管理活动是现代管理的必然趋势。同时,充分发挥运动员的主导作用是竞技体育取得胜利的关键。在竞技比赛中,良好运动成绩的取得,离不开运动员的艰苦努力,可以说运动员是运动训练的主体,运动训练中应该把运动员放在根本位置。因此,运动员管理过程中坚持"以人为本"的原则,实现由社会本位向运动员本位这一管理方式的转变有着十分重要的意义。

当前,国内一些运动训练实践中,很少考虑运动训练的主体——运动员的需求,没有做到把运动员放在运动训练的首要位置,没有真正做到关心运动员的情感、心理、智力需要,尊重、理解运动员。首先,一些教练员把运动员看作是可以不断改造的生物体,为达到追求名利、追求金牌的短时目标,对运动员进行过大运动量训练,拔苗助长,导致运动员起初成绩大幅度提高,而后因伤病不得不过早退役,造成昙花一现的现象。其次,教练员在管理中忽视对运动员情感、责任感、动机、信念的教育,忽视与运动员的情感交流,且在物质利益驱使之下迫使一些运动员不惜牺牲人格、自尊做一些损害运动员道德、违反运动法规的事情。再次,对运动员再社会化问题重视不足,独立于教育之外的专业训练机制剥夺了运动员受教育的权利,尽管一些获得奖牌的优秀运动员可以深造,或在国内、国外当教练,但毕竟是少数,多数运动员在退役后还要有三四十年的漫长道路要走,缺乏良好的知识与技能,他们的后半生将非常艰难。最后,运动员伤病和退役后的社会保障制度不完善,我国还有一定数量的伤病运动员和退役运动员得不到保障。

尽管我们已经采取了优秀运动员的高校深造、各种奖励政策等系列措施,但我们必须对目前存在的上述现象引起足够的重视。改变运动员被动从属地位,充分调动运动员参与训练的主动性、自觉性,始终树立以人为本的管理理念,真正做到尊重运动员、关心运动员长期生存发展问题,重视运动员人格教育和人文精神培养,让运动员既要训练与竞赛,也不能忽视学业,促进运动员的全面、协调发展,为其退役后的安置奠定基础。

(四)构建符合时代特征的体育人文精神

进入 21 世纪,为使体育人文精神与社会发展相协调,我国应构建适应新的历史时期的体育人文精神,培养具有高人文水平与高文化素养的人才。

文化,乃奥林匹克之"魂"。2008 年提出的"人文奥运"理念,在我国体育健康发展进程中留下浓墨重彩的一笔。"人文奥运"包含着人文关怀,国际国内不仅看到了中国奥运的坚定态度,也看到了中国体育现代化建设的前景与决心,体育人文精神也必将在未来竞技体育发展中得以延续和继承。我国也将此作为基本出发点,重新构建中国体育事业现代化发展的宏伟蓝图,更好地推进竞技体育的发展与传播。

现代中国社会面临新的转型,市场经济体制的确立对文化的建设发展提出了许多迫切需要回答的新问题。体育人文精神在社会文化发展中面临挑战和机遇。中国体育必须根据自己所处的社会文化环境,构建符合时代特征的体育人文精神。在当代社会生产力发展水平、社会生活基础和认识水平上的体育人文精神,其主要内涵是始终以人为核心,维护人的高贵与尊严,关爱生命与健康,尊重人的个性需求与选择,通过体育活动方式,全力促进人身心与精神的健康和快乐,尽可能地促进人全面、和谐与充分发展。就对人类自己的全面关怀而言,体育人文精神还主要表现为对人类的生存与发展的基本关怀,还有哲学对人的生命的意义、对人的价值的高层关怀,才能实现对人类自己的真正的全面关怀。而且,也只有在哲学对人的意义和价值关怀的指引和支撑下,体育人文精神才获得了坚实的理论基础,体育人文精神对人类自己的关爱与维护才可能真正实现,并且也才会显得具有意义和价值。

随着经济全球化和全面现代化的推进中,竞技体育所关涉的政治、经济、文化、社会道德、社会情感等方面受到冲击。如商业价值的无限追求、名利声誉的极端索取,导致其出现了人文精神失落、价值观念失衡、人格缺失以及道德水平下降的现象。这一现实情况,唤起了人们对竞技体育人文精神的关注和重视,引发了理性思考和研究。体育活动的出发点和归宿均为"人",人文主义是现代体育文化的内在诉求,人文主义体育的核心理念即人的可持续发展是现代竞技体育所追求的正确价值取向。体育的人文性表现为在竞技体育中尊重人的尊严和价值,尊重人的全面发展,鼓励个体自我意识的实现。现代竞技体育需要立足于人,重构竞技体育人文精神,摆脱传统竞技体育对人文精神漠视的桎梏。

在我国逐渐走向体育强国的道路上,体育人文精神的建立有着重要作用。通过建立当代中国体育文化人文精神层次化、当代中国体育文化的传承与革新等方式促进当代体育人文精神建设,在实现全民体育的同时助力实现体育强国。只有在体育人文精神的指引下,才能保障在体育行为和体育现象中坚持正确的体育价值取向,提高体育道德水准,把握体育服务于人的幸福生活、服务于人的全面发展的正确方向,消除和减少背离体育人文精神、降低体育效益的各种体育社会问题的发生与危害,促进体育的良性发展。但是中华民族的精神有着独到的文化价值和文化整合力、凝聚力,中国文化以人为本位,始终把人放在思考的中心位置,始终贯穿着浓厚的人文思想。中国当代的体育人文精神正处在文化构建之中。

(五)不断完善竞技体育的发展环境

实现竞技体育的科学发展必须要有良好的发展环境,包括发展市场经济背景下的举国体制,保障公平竞争,完善社会保障体系,等等。

雅典奥运会上中国运动员的辉煌战绩是我国竞技体育事业举国体制的巨大胜利。国家的严密组织,资源的统一调配,社会的积极参与,民众的有力支持,是我国竞技体育举国体制的主要特征。有一种观点认为,建立于计划经济体制下的竞技体育举国体制不应该再继续保留了。笔者认为,正如同市场经济并不只属于资本主义一样,举国体制也并不是只属于计划经济,市场经济背景下也可以发展适合市场经济运行规则的举国体制。中国竞技体育水平的迅速提高,使得许多国家的有识之士都在研究和准备学习中国培养优秀运动员的体制,这也从一个侧面表明,我们竞技体育举国体制中有着合理的和先进的内核。当然,我们现行的运动员培养机制中的确存在诸多不适应现代社会发展的问题,即政府承担着竞技体育运行的巨大财政负担,同时因政府的包揽管理而封闭失活。尽管还有许多需要完善与改进之处,但绝不应该一叶障目,而予以全盘否定。行政管理体制改革是发展社会主义市场经济的必然要求,是深化改革的重要环节,这股东风也使得体育界做出与之相适的改变。体育体制的改革必须紧随社会政治、经济、文化等领域改革的社会大环境,紧随政府职能转变的大趋势,打破体育系统内部长期存在的资源分配过于集中的局面,充分调动社会力量来办竞技体育积极性。从某种意义上来讲,多元主体、多元格局也正是"举国体制"的另外一种解读。我们的任务是要从理论上和实践上不断地丰富和完善市场经济条件下的竞技体育举国体制,继续改进和完善优秀运动员培养体系的运行机制,使其更加适应社会的进步,为中国竞技体育的发展做出更大的贡献。

对公平竞技的崇尚和追求是现代科学体育观的重要组成部分。运动员在公平的环境和条件下参与竞技,竞技的结果才有价值,竞技的过程才有魅力。当然,当前的体育竞赛中,也存在一些违反公平竞争原则的事件。对竞技体育中的不公平竞争行为,根据其行为主体可大致分为四种类型:直接型主体(运动员、裁判员、教练员),主要表现为以谋求运动员超越自身水平的成绩为中心目标,弄虚作假,教练员违反职责暗许运动员的不当行为等;间接型主体(管理及科研服务人员)表现为利用职务之便为运动员谋取便利条件;团体型主体(运动队、协会、俱乐部)表现为赛前私通裁判、恶意私赛、消极怠赛等;社会型主体(观众、媒体、赞助商)表现为观赛混乱、赛事报道偏颇、赞助商影响比赛结果等。这些都是竞技体育存在的不公平竞争行为,它制约着竞技体育环境优化,阻碍着竞技的健康发展。凡此种种,可用"二假"予以概括,即运动员参赛的"假资格"和比赛结果的"假成绩",这是破坏我国竞技体育健康发展的两大公害。"二假"的滋生,破坏了公平竞争的原则,败坏了竞技体育的声誉,欺骗了广大民众的感情,导致了竞技腐败的滋生,甚至威胁着竞技体育的生存。

反对和打击"二假",需要德、法并治。一方面,要规范体育道德标准,加强体育道德教育,提升体育道德修养,利用媒体和舆论势力,扩大正面典范社会影响,树立和弘扬正气典型;同时,要采取有效的法制保障措施,坚决地维护公平竞争原则。要进一步完善竞技体育有关法规并加大执法力度(如法律惩处改出生年者),健全并严格实施有关管理制度(包括检查制度、监督制度、处罚制度等);要不断地与各种违反公平竞争原则的行为做最坚决的斗争;要加强对裁判执法行为的法制监督,努力为实施公平竞争创造良好的环境。

应注意加强对运动员、教练员等从业人员的人文关怀,帮助他们解决生活、学习、就业、家庭、事业等各方面遇到的困难,继续努力健全运动员的社会保障体系：加速建立有针对性的社会保障相关法律或条文，加快运动员保险业发展，提高运动员文化教育的重视程度，增加福利待遇等拓宽运动员社会保障覆盖范围的保障措施，最大限度地满足运动员保障的多元化和个性化需求，为从事艰苦训练的运动员解除或减少后顾之忧，体现"以人为本"的现代理念，支持我们的运动精英全心全意地投入竞技运动训练中去。

（六）竞技体育与科学技术紧密结合

在当今世界体育运动竞技场中，运动员的竞技能力和运动成绩逐渐接近人体极限，胜负仅在毫厘之间。各国在无尽探索、不断追求刷新运动员身体、心理潜能的同时也在不断探索科技可能带来的竞技实力提升和制胜助力。从近几届奥运会上可以看到，各国运动员在拼毅力、斗志和实力的同时，也在进行着一场高科技的较量，高科技正在为运动员更加科学地训练和出成绩方面发挥着重要作用。"鲨鱼皮"泳装、乳酸监测器、"翼必矢"弓箭、低压氧舱和高压氧舱（超压加氧），还有美国发明的游泳模拟水槽、意大利研制的风洞试验设备等。特别是在 2008 年北京奥运会上，高科技含量的比赛场地促成了 132 项奥运纪录被刷新，有 43 项世界纪录被改写。由于体育科技水平的发达，世界体育强国——美国、英国、德国，总是在历届奥运会金牌数、奖牌数和得分总数的竞争中名列前茅。奥林匹克运动会已经成为一场世界范围的科技竞赛，从另一种意义上说，奥运会也是一场体育科技大战。各国运动员都在竭尽全力进行科学的训练，不断提高自己的竞技运动能力，以便以更高更快更强的实力水平，战胜竞争对手。此外，科学管理、选材、多年系统训练及训练科学化、医务监督、伤病防治、技术诊断、成绩预测、营养、心理和体力上的恢复、情报研究、信息调研等方面无一不渗透现代科技的应用，当然也包括奥运会的组织与调控（如科学调整项目布局，培育、形成和不断保持优势项目，确保在奥运会上夺牌），运用电子计算机、电刺激技术和各种新型材料技术等。如今,随着世界科学技术向高新领域迈进和体育运动迅猛的发展,科学技术与竞技体育运动应结合得更加紧密。

二、创新型国家建设对竞技体育的要求

创新发展是建设创新型强国的不竭动力。进入新时代,以习近平同志为核心的党中央向全国人民发出了增强我国自主创新能力,把我国建设成为创新型国家的号召,这是时代的呼唤,是历史发展的必然要求,是我国从经济大国向经济强国迈进的必然选择。同样,创新型国家的建设对竞技体育也提出了新的要求。主要表现在以下几方面。

(一)竞技体育观念创新、思维创新要求

竞技体育就是和平时期的战争。这句话在某种程度上说明了竞技体育的性质。自从奥林匹克运动开展以来,它就成了世界各个国家和民族展现综合国力的大舞台。特别是现代奥运会的发展,各个国家和民族更是倾尽全力进行备战。各种先进的科技力量在奥运会赛场得到了全面的使用。我国竞技体育处在了机遇和挑战并存的关键时刻。如何进一步解放思想、开拓创新、更新观念,加快科学化训练进程,推动我国竞技体育由粗放到集约式发展方式转变,是体育领域的关键问题。当前世界或区域间竞技体育的较量,靠的不仅是资金支持、行政支持或是高科技的比拼,更重要的是思想源头问题,即理念有没有更新、观念有没有创新的问题。更进一步而言,理念和观念的创新将直接影响会不会有理论创新、制度创新和技术创新,没有这些方面的创新,任何事物都将寸步难行。

由于各种原因,我国参加现代奥运会比较晚,但是在现代体育上的创新和进步方面,我国体育界取得了许多荣誉,为国家建设和精神文明做出了重要贡献。作为国球的乒乓球队用他们持久的创新精神不断取得优异

的成绩,刷新了一个又一个纪录。中国女子排球队用她们的顽强拼搏精神和不断创新的技术,取得了五连冠的辉煌成绩。许海峰作为新中国体育进军奥运会打出第一枪的射击队,更是在 1984 洛杉矶奥运会上凭借着开拓创新的进取精神,取得了中国历史上第一枚奥运会金牌,吹响了中国进军奥运会赛场号角。在田径项目上,刘翔在 110 米栏中以 12 秒 88 的成绩成功地突破了 12 秒 91,打破了沉睡 13 年之久、由英国名将科林·杰克逊创造的世界纪录,为中国体育翻开了新的一页。中国皮划艇运动员杨文军、孟关良在雅典奥运会上成功夺得男子双人皮艇 500 米金牌,实现了中国划船项目奥运会金牌零的突破。

根据奥运会金奖牌榜排名,我国自悉尼奥运会以来,已是国际体坛重要的竞技体育强国之一,我国在为竞技体育领域取得的巨大成绩自豪的时候,也应该意识到目前多元化竞争格局所带来的竞争已越来越激烈。我国运动健儿要想在奥运会赛场上和其他国际重要赛场上不断取得突破,就要抓住改革带给体育领域的创新机遇,树立整合社会资源的创新思维,探索新办法解决新问题,就需要在观念创新、思维创新方面加强研究,在实践创新方面敢于突破。创新型国家建设要求我国竞技体育在以科技为先导,以创新思维、创新观念、创新意识为动力的创新实践中实现中国体育的跨越式发展。

(二)竞技体育发展方式创新转变要求

我国竞技体育实行的举国体制,是一种为实现国家目的,调动和集中全国力量对竞技活动实行以国家机构高度统一管理体制的简称,即国家管理型体制[3],由国家来办竞技体育,社会上基本不参与举国体制,是在计划经济的历史条件下,集权于体委,对体育实行独家领导和管理的模式。举国体制的产生是在整个国家处于生产资料公有制和计划经济体制条件下的必然产物。在一定历史时期,这种国家宏观管、办体育的制度具有相当积极的历史意义,通过统一竞技目标,突出奥运战略,集中力量,把有限的人、财、物用在最需要的地方,并通过各级政府和社会组织,将全国上下凝聚为一个联系十分紧密的社会群体,发挥举国体制的优势,自觉地追求竞技体育的最高目标,使中国竞技体育从此踏上了建设体育强国之路,中国体育开始了全面走向世界的历程。举国体制使得中国体育在国际体坛树立了形象,树立了国民的民族自尊心和自信心,增强了民族的向心力和凝聚力。举国体制成为 20 世纪 80 年代以来我国竞技体育取得辉煌成就的重要制度基础。

但是,我们必须清楚地看到,举国体制是我国计划经济时代的产物,有其局限性。它的运行机制高度依赖政府的行政职能,并且主要依赖政府拨款来维持其运作。这显然与眼下我国政府职能转变特别是社会主义市场经济体制的发展不相适应。并且从制度设计的角度看,举国体制作为框架的制度主体,在理念、构想设计特别是法理基础方面还不尽完善,在设计训练体制、竞赛体制、管理体制等具体制度上还与国际国内环境不相适应。因此,建立和完善与社会主义市场经济相适应的新型举国体制,即实现微观举国体制向宏观举国体制转变已刻不容缓。新型宏观举国体制与原有的举政府力量的微观举国体制相比,从形式到内容,从动力到价值取向,都应有新的突破。它的模式应该是政府职能与市场机制接轨。其运行机制是通过政府主导作用来控制社会的自治状态和调节市场的自主行为,以达到三者的有机结合与协调运转。将政府、市场、社会、学校、家庭等多元主体吸引到竞技体育的后备人才培养、赛事举办、运动训练、商业运作等各环节上来,真正实现"举国"之力,真正实现"举国"发展。这种新的模式和机制无疑将给举国体制注入新的活力和赋予新的生机,将在一定程度上有效解决我国竞技体育政府单方经费投入问题,并向以社会力量为投入主体的多元化转化。

建立社会主义市场经济条件下的新型宏观举国体制,不仅是创新型建设国家竞技体育发展方式的必然选择,而且这种选择与当代竞技体育国际化、职业化、系统化、商业化和科学化的发展趋势存在必然的内在联系。

（三）竞技训练科技创新、竞赛与管理制度创新要求

随着现代科学技术对社会的贡献与影响程度的提升，人类对科学技术的重要性的认知也越来越深刻，同时对我国体育事业也有着同样重要的指导意义。特别是在竞技体育领域，在高水平的激烈竞争中，科技含量越来越成为影响成绩胜负、展现国家实力的重要指标。科学技术向运动训练和竞赛中渗透，体育科技的创新逐渐成为提升训练水平的关键。我国不少优势项目近年来遭遇停滞不前甚至滑坡，在世界大赛中屡遭打击，一个非常重要的原因就是我们在训练手段、训练方式、器材装备、训练理念上已经出现严重的滞后，亟须创新。面对此状况，应将训练科学化、训练科技化作为竞技体育尝试改变的关键点，将进一步加强科研创新和成果转化应用工作，全面推进竞技体育训练科学化进程。

现代竞技体育就比赛来说呈现出几大特点，主要有比赛形式增多、竞赛项目增多、比赛规模扩大、比赛周期加长、比赛频度增加等。这些都给运动员取得比赛胜利增加了不小的难度。要想在比赛中取得好的成绩，采用新理念、新方法和新技术已经成为必然。各种联赛的出现在很大程度上改变了传统的训练观念和方法，包括周期观念、系统观念、阶段安排、最佳竞技状态的出现等，甚至对传统的训练理论产生冲击和影响。运动员将告别过去按部就班的训练计划和方法，取而代之的，将是以赛代练，以赛促练，使比赛成为训练的一部分。

同时，信息化时代的来临，全面改变着人类社会的政治、经济、文化体制，同时也改变着人们的认知方式与生活方式。体育也不例外，社会的信息化发展推动着运动竞赛管理水平的提高，使运动竞赛管理更加系统化、精确化、简单化、人性化，达到体育信息化推动运动竞赛管理的发展；另外体育信息化又可使运动竞赛管理内容更加复杂化、范围更加扩大化、过程更加程序化，给运动竞赛管理提出了新的问题，呼唤体育信息化技术的升级换代，最终从客观上带动体育信息化的发展。

总之,在创新型国家建设的今天,必须把推动体育行业持续的科技进步作为支撑发展的动力,着力建设国家层面的体育科技创新体系,在关系全行业发展的关键领域、关键技术上组织和实施好科技攻关。同时,布局前沿研究,扶持基础研究,重点做好全民健身的科技支撑和国家队科技服务体系的"军转民"工作,坚持科技工作面向运动训练主战场的实践导向,加强制度创新,不断改革和完善科研管理方式,以提高我国体育科技的整体发展水平。"科技是第一生产力",竞技体育科技含量的多少决定了竞技水平的高低。技术创新是竞技体育的灵魂和不竭动力,也是其永葆生机的源泉。

(四)科教兴体、人才强体要求

1996年全国体委会议上提出"科技为翼,人才为本",到《2001—2010年体育改革与发展纲要》中首次提出"科教兴体",表明体育领域的认识不断提升,目标也愈加明确,改变的决心也愈发坚定。科教兴体战略即体育发展,科教为先。牢固树立"科学技术是第一生产力"的思想,把体育科技、教育摆在重要战略位置,重视和发挥科技、教育在体育事业发展中的突出作用。全面深化体育科技、教育体制改革,优化体育科技、教育资源配置,大力推进体育科技、教育与运动训练和全民健身的紧密结合,全面推进体育科技进步,增强创新意识,大兴创新之风,全面提高体育队伍素质,为体育事业发展提供重要的支撑力量。

人才强体战略即体育发展,人才为本。坚持依靠体育人才队伍素质的不断提高,不断发展和壮大体育事业。以体育人才资源能力建设为主题,以调整和优化体育人才结构为主线,抓好培养、引进、使用三个环节,建设好运动员、教练员、科研教学人员、体育管理人员四支队伍,为体育事业发展提供人才保证和智力支持。现代社会是个人才群体优势的社会,每一项事业都是在集体配合下才能发挥最大作用。因此,加强集体领导,积极协调各方面优势,发挥综合能力是创新思维、创新实践的必要条件。

中国皮划艇队实现奥运会金牌的突破，还在于它有一个具有学习型、创新型的教练员团队。在这个团队中，集中了运动训练学、运动医学、运动营养学、运动心理学等方面的优秀人才，他们各负其责，分工合作，在国家皮划艇队这个大舞台上演出了一幕精彩的多学科配合作战的好戏，实现了我国划船界几代人的理想和追求，为我们进行训练创新树立了很好的榜样。

在竞争激烈的时代，我们要高度重视体育人力资源建设，全面实施科教兴体、人才强体战略。贯彻尊重劳动、尊重知识、尊重人才、尊重创造的方针，坚持德才兼备、注重实绩的选人用人原则，统筹抓好以体育高层次人才和体育高技能人才为重点的各类人才队伍建设。调动社会各方面力量参与体育科技工作，逐步形成跨学科、跨领域、跨体系的体育科技体系，充分发挥各科研机构和体育院校的知识引领作用，加强科技成果进一步转化。创新体育人才工作体制机制，激发各类人才创造活力和创业热情，开创人才辈出、人尽其才新局面，为创新型国家建设背景下全面建设体育强国提供坚实可靠的人才保障。

三、多极化竞争格局对我国竞技体育的影响

以现代奥林匹克为代表的竞技体育，经过百年的曲折和发展，逐步走向辉煌和成熟。奥林匹克赛场已经成为各国和地区显示实力、扩大影响、振奋民族精神的重要场所。在奥林匹克赛场上的竞争也日益激烈，第24届奥运会以来，夏季奥运会（以下简称奥运会）参赛国家和地区不断增加，在比赛中获得奖牌的单位也呈现上升趋势（见表2-1），使奥运奖牌的分布呈现分散化、多元化的趋势。随着参赛国家和地区竞技水平的提高，各个国家和地区在历届奥运会上的成绩以及奥运会奖牌榜上的位置也不断在变化。有研究综合第24届奥运会以来的八届排名情况，第一集团以金牌20块以上、奖牌60块以上、总分700分以上为界，并限定在前8名

以内,对各竞技体育强国进行了集团划分(见表2-2)。

表2-1　历届奥运会参赛单位与获得奖牌单位格局

届次	参赛单位	获得奖牌的单位数
24	160	52
25	169	64
26	197	79
27	199	80
28	202	71
29	204	81
30	205	85
31	207	87

表2-2　参赛国家的集团划分

届次	第一集团	第二集团
24	苏联、民主德国、美国	韩国、联邦德国、匈牙利、保加利亚、罗马尼亚
25	独联体、美国、德国	中国、古巴、西班牙、韩国、匈牙利
26	美国、俄罗斯、德国	中国、法国、意大利、澳大利亚、古巴
27	美国、俄罗斯、德国	中国、澳大利亚、法国、意大利、荷兰
28	美国、中国、俄罗斯	澳大利亚、日本、德国、法国、意大利
29	中国、美国、俄罗斯	英国、德国、澳大利亚、韩国、日本
30	美国、中国、英国	俄罗斯、韩国、德国、法国、意大利
31	美国、英国、中国	俄罗斯、德国、日本、法国、韩国

通过表2-2可以发现,传统的第一集团中德国的竞争实力有所下降,在第28届奥运会上取而代之的是中国,中国更是以强劲的势头在两届奥运会后分别超越俄罗斯和德国,英国在第29届奥运会也表现超强上升势头,并从第30届奥运会进入第一集团,目前基本形成了美国、英国、

中国三足鼎立的竞争格局。

第二集团的竞争比较激烈，老牌劲旅俄罗斯、德国基本稳居第二集团榜首，但以日本、韩国、澳大利亚为代表的新生力量开始强势追赶。总体看，第二集团中随着韩国和日本两国竞技体育的迅猛发展，与中国一起打破国际竞技体育格局，"亚洲与欧美抗衡"的态势基本形成。

总之，奥运会、亚运会等国际和洲际综合赛事，以及单项世界性、区域性比赛竞争将日益激烈，并呈现出多极化竞争格局。群英纷起取代数家为尊，这必将点燃更多人的激情，推动竞技体育的发展，为其增添全新的活力。

竞技体育在当今激烈竞争的国际社会中已经超越了其自身的体育盛会的属性，更成为在国际舞台上展示其政治、经济、文化、社会促进、军事等等方面的综合国力的有利时机，国际大赛也成了国际交流、体育外交的舞台。因此，各国对国际体育综合赛事日益重视，参赛国家日益增多，多方面竞争也愈加激烈，体育商业化、产业化、职业化趋势逐渐加深，竞技体育的影响正全方位、深层次地渗透各个方面，这些都是国际体育多极化对竞技体育格局的影响。而对于我国竞技体育发展来说，作为当今世界竞技体育大国或某些意义上的强国，多极化竞争格局既带来了挑战，同时也是自我审视和重新规划的良好时机。历经数十年的发展，我国体育事业取得了举世瞩目的成就。但面对竞争多极化的现状，我们必须要看到目前我国体育发展依然存在的问题：体育人口和体育场馆的数量与质量距世界体育强国的差距仍明显，体育职业化、商业化程度还较低，体育后备人才培养问题显著、体育科技化进程还未领先。多极化竞争格局给了我们瞭望世界的窗口，知世界之貌而省吾强吾，成为世界体育强国，提升综合国力，树立大国形象。

四、职业体育快速发展对我国竞技体育的影响

首先,体育职业化是社会高度发展的产物,是商品经济和社会主义市场经济发展的必然结果。以北美地区为代表,世界上多个国家都拥有了自己最具代表性的职业体育项目,而我国部分项目是以奥运争光为主题的。职业体育的快速发展将极大地改变竞技体育的面貌,将促进我国竞技体育积极探索具有中国特色的职业化发展方式,并服务于奥运争光计划。

其次,体育职业化能够促进形成运动项目的自我调节、自我创造和自我发展,实现良性循环。它必然会加快竞技体育社会化、商业化进程,不仅体育物质产品成了商品,体育服务产品也在商品市场上体现出独特的价值,促进我国体育产业的形成与发展。同时,商业化运作给运动员带来了高薪、高出场费、巨额奖金和巨额转会费,从而激励了运动技术水平的快速提高,缩短或超越与世界竞技体育强国高水平成绩的差距,形成竞技体育后备人才的长效培养机制。

再次,职业体育的快速发展给竞技体育带来了动力,会改变我国传统竞技体育的格局,促进竞技体育的改革和优化。引入社会力量发展壮大竞技体育,如资金投入量加大和渠道拓宽,增加了竞技体育自身的"造血"功能和发展能力,也改变了竞技体育资金的投入方式、比例。

最后,原有的篮球、足球、棒球等项目的职业运动员被解禁,可以参加奥运会比赛,极大地提高了比赛的激烈程度和观赏性,使比赛规模、影响力不断扩大,加快了竞技体育的社会化发展。这些变化也导致一些竞技项目比赛难度的增加,如乒乓球的直径加大、排球的直接得分等;还有诸如器械、服装、赛制、规则、比赛时间等方面的变化,不断开拓创新。

五、高水平竞技人才培养科技化、专门化对我国竞技体育的影响

从某种意义上讲,现代竞技体育赛场的竞争其实就是现代科技的竞争,尤其是在竞争激烈的竞技场上更是如此。在这个赛场上,谁掌握了最先进的科学技术,谁就占据了竞争的主导权和话语权。也正是因为如此,高水平竞技人才的培养越来越科技化、专门化。

(一)我国竞技体育选材愈来愈科学化

竞技体育中运动员的科学选材是 20 世纪末快速发展起来的一门体育科学,经过体育界工作者的多年实践与不懈努力,选材理论和工作也步入新的台阶。好的选材,能够看到并充分利用运动员的竞技能力,保证多年系统化训练过程的顺利进行。好的选材将决定着该运动员和项目的未来发展前途,很大程度上能够节约培养成本。同时,选材科学化也是我国成为体育强国的重要影响因素。因此,我们必须将这项工作放在关键位置,深刻认识和把握该项工作的意义和重要价值,不断完善和细化这门学科。

运动员科学选材是当前体育强国攀登世界体育最高竞技水平的一个重要战略措施,也是我国由体育大国向体育强国迈进的重要举措。近年来,运动员科学选材的研究已深入分子生物学领域。为了最大限度地挖掘人类的运动天赋,找出遗传背景优越、可训性高的运动人才,并给予系统的、有目的的训练就显得尤其迫切。近年来出现的基因芯片技术是分子生物学领域进行科学选材可靠、高效的方法之一,它将使优秀运动员的选材发生根本性的变化。基因芯片在运动员选材中主要用于筛选并确立运动员身体素质功能基因组;探讨不同项目运动员身体素质功能基因组

表达谱的特点以及与运动能力有关的身体素质基因的遗传与变异规律；进行身体素质功能基因组的多态性分析；建立优秀运动员身体素质功能基因库；最终实现优秀运动员身体素质功能基因诊断和基因选材的芯片系统的建立。除此以外，还有较早使用的皮纹、血液、骨生长等生理学指标以及心理、神经学指标在现代技术手段的丰富和配合下也在不断更新和升级，科学化进程正在不断加快。

（二）高水平竞技人才训练日趋科学化

"训练科学化"是指在运动训练的全过程中，应用科学理论、科学方法、科技成果达到运动训练的定量化和科学化标准的卓有成效的训练。它包含两个方面的意思，一方面是遵循事物发展的客观规律，即运动员形态、生理、心理发展的客观规律进行训练；另一方面是将科技进步的成果作为手段应用到训练之中，这是当今关于科学训练的主流观点。训练科学化不仅是认识的过程，也是改造的过程。训练科学化的过程本身就是一个观念更新的变革，它要求人们从传统训练的模式中走出来，把科学、实效的价值观念渗透到运动训练的每一个环节和层面，从而有效地提高训练水平达到理想的训练效果和成绩。训练科学化具有高度的综合性，这是由于训练本身的复杂特征决定的，它不仅存在整合、系统的发展趋势，还大量运用到多学科理论和成果，是集自然科学和社会科学于一身的交叉多重属性，因此其所应具有科学性质自然不必多言。

一方面，在训练中如果不能运用科学的训练方法和手段进行训练和监控，势必会造成运动损伤，有可能造成运动员身体疾病以及对运动员心理造成不良影响，影响运动成绩的进一步提高。另一方面，训练科学化的本质就是不断加大训练过程的智慧投入，无限接近科学。训练科学化以系统论、控制论和信息论为指导，以计算机为手段的现代科学训练方法，越来越广泛地运用于训练实践中，教练员、运动员和科研人员应用计算机分析训练方式、编制训练计划、监测训练过程、分析技术缺陷，突破了传统的训练概念,最大限度地发挥运动员的潜能,正是科学化的训练使运动员不断突破"传统观念上的身体极限"。当代运动员的比赛成绩,已成为心理学家、医学家、营养学家、生物力学家和材料检验学家共同产生的集合效应的结果。另外,从经济学角度讲,训练科学化就是采取最优方法,以最小的训练成本获得最高的训练效益,不造成训练资源的无效化和低回报,从这个角度讲,这也是训练科学化的另一种理解。

(三) 应发挥竞赛的杠杆和优化资源配置作用

竞赛对选拔、训练、管理和资金投向的导向作用,表明竞赛制度对整个运动训练过程,尤其对后备人才培养过程具有强大的杠杆作用。竞赛可以表现出一种强制力,任何微观主体都必须服从竞赛,并努力使自身具有一定的自我拓展、自我调整的能力,并根据竞赛系统输出的信息形式、规模规则、竞争对手的状况、项目设计等来调节各项目比例以及发展格局等,由此直接影响了微观主体的组织管理训练等活动,即有关决策和行为都受竞赛的调节。充分发挥竞赛的多元功能和综合效益。以竞赛为契机,考察和筛选具有特定项目潜能的运动员,检验其竞技优劣势,对其竞赛职业生涯规划提供了参考。通过省市及国内外中小型比赛,也能为运动员积累参赛经验和提升竞技水平,也可尝试建立以参赛积分为衡量依据的选材制度,丰富可能的选材方式。从赛制的形式、规模、项目、周期入手,结合世界竞技体育赛制多样化发展趋势和我国实际建立权责明晰、科学管理、依法治赛、市场与计划相结合的宏观竞赛调控体系。要分门别类,根据不同层次队伍的需要安排好竞赛,一线队伍要完全与国际接轨,二、三线队伍则要根据培养人才的需要安排竞赛。要深化全国综合性运动会、全国城运会、全国单项竞赛的改革,建立起一套符合我国国情、适应竞赛市场要求、有利于服从高水平训练需要的竞赛管理体制。精心设计、合理安排好奥运会参赛周期,对现有竞赛制度进行调整。

优化运动队伍资源配置。目前我国竞技体育水平与世界体育强国的差距是多方面的,在人才培养方面,他们极其重视教练员的能力和科技的应用,从我国的发展现状来看,也必须高度重视教练员的理念更新、技术更新,采用多种形式加强教练员队伍管理水平和业务水平建设。在此基础上,必要时也应该敞开大门、招贤纳士,引进国内外具有高水平管理和训练经验的人才,助力科学化选材,助力竞技体育提升。此外,还应加强新兴项目和弱势项目的选材投入,适当将资源向之倾斜,使我国竞技体育全面开花、朵朵鲜艳。近年来,由于某些项目缺乏专门人才或竞争力不足,体育界也越发重视起跨界选材,从具有相似运动技巧或同一类型的项目中挑选潜力运动员,这本身也是资源的优化利用,此举具有一定的创新性,不少研究者和体育工作者也在证明着其合理性和有效性,这对现代竞技体育选材来说具有重要意义,未来也会加强该方面的实践。

(四)应促进竞技体育人才的合理流动

体育人才的合理流动,对提升竞技人才质量、增强整体竞技实力有着长远意义。合理的人才流动,可以规避初次选材的不恰当而可能导致的不良结果,及时调整选材策略和用人原则,尽早选择适合的运动员,提高训练和培养效率。另外,人才流动也会加速体育人才市场的建立和完善,进而有利于选材工作的顺利进行。而人才流动还可以促进不同地区、不同项目运动员的相互交流和取长补短,优化人才结构,促进运动水平和职业视野的提高。

加快建立和开发竞技体育人才市场步伐,促进竞技体育人才的合理流动。要确立人才流动的近期、中期、长期目标,分段制定不同时期的政策,切实搞好体育人才流动的宏观控制和微观调节;规范体育人才市场,加速体育人才市场的组织建设,加强体育人才流动的管理和监督工作;加强各类专项运动员人才交流的科学管理,统一协调全国专项竞技体育人才合理流动,进一步扩大竞技体育人才的发展领域;做好退役运动员的安置工作,加快建立并完善运动员就业、伤残保险等社会保障制度;全面提高教练员队伍的科学训练和管理水平，完善教练员选拔、任用、考核制度；抓好各项目各年龄段的后备人才培养，制订后备人才培养方案，重点加强优势项目和潜优势项目后备人才培养！抓好与奥运周期人才年龄和水平相衔接的二、三线队伍建设。

六、竞技体育强国建设在体育强国建设中的作用

"竞技体育强国"是反映一个国家竞技体育的发展水平和在世界上所处的地位，是指一个国家在以奥运会为主的世界重大国际比赛中取得的成绩所反映的该国竞技体育总体发展水平在世界上处于一流或前列的国家。[4]依奥运会金奖牌榜排名，中国自悉尼奥运会以来，已是国际体坛重要的竞技体育强国之一。竞技体育强国的实现为实现体育强国的长远目标奠定了坚实的基础，具有重要意义。

（一）竞技体育是体育强国的先导，竞技体育是评价体育强国的主要方面

明晰"竞技体育强国"和"体育强国"的概念和边界，是理解这一问题的关键。这就要回归到"体育"与"竞技体育"这一对关系上来，二者是上、下位概念，"体育"包含了众多如竞技体育、群众体育、体育教育、体育产业等下位概念，从而推论出竞技体育强国是体育强国所包含的其中一个层面。体育强国的确立由众多方面决定，而竞技体育的水平是决定是否为体育强国的关键因素。判断是否为体育强国并不能只看到它是竞技体育，而如果一个国家连竞技体育强国都算不上，那么想成为体育强国也是不可能的。从我国现状来看，在某种程度上可以说已经成为竞技体育强国，但还是发展不均衡不完全，距成为体育强国更是有很长的路要走。

毛泽东曾在《矛盾论》中提出：事物的性质是由矛盾的主要方面决定

的。体育是一个多元结构组成的社会结构,必然有一个能决定其性质的矛盾的主要方面。由于竞技体育在体育各领域中对体育事业的影响力最大,处于体育诸结构中的先导地位,因而国际上历来都把竞技体育的实力和发展水平的高低作为评价一个国家是否为体育强国的主要方面。而竞技体育的实力和发展水平,又以各国在奥运会上所获"金牌数"和"奖牌数"为主要评价指标。例如,20世纪50年代到80年代初,国际上公认美国、苏联和前民主德国为"世界体育三强"(即三大体育强国)。而这三个体育强国在大众体育方面都不是一流的国家。他们之所以被人们认为是世界三大体育强国,主要取决于其在竞技体育上的强大实力,因为这三个国家在奥运会上的金牌数和奖牌总数处于世界的前三位。正如国家体委前副主任张彩珍在其《论体育》一书中所说的:"体育强国最突出、最鲜明的标志是运动技术水平达到世界一流。有些国家体育相当普及,场地设施也不错,但在奥运会上拿不上几块金牌,就不被承认为是体育强国……这是世界体育三强苏联、民主德国、美国的成功之道。"显然,我国体育界的前任最高领导,对此早有清晰、客观和与国际接轨的认识。我国体育事业的发展也是按"普及与提高相结合"的方针确立的,即"在普及的基础上提高,在提高的指导下普及"。"提高"是指竞技体育的发展水平,它是体育事业发展的"先导",而"普及"则是指大众体育的发展水平,它是体育事业发展的"先导"。应该说,"提高"的水平也在一定程度上反映了"普及"的水平,一个国家如果达到竞技体育强国的水平,那么其大众体育发展水平虽不一定与竞技体育发展水平完全对应,但也绝不会太低的。2008年奥运会中,我国处于第一集团金牌总数第一、奖牌总数的第二和综合评分第一的排位。奥运会优异的成绩充分发挥竞技体育的龙头作用,带动整个体育事业繁荣发展,在体育强国建设中起到了积极的推动作用。

(二)竞技体育强国建设还需要较长时间准备和精心策划

我国在体操、举重、跳水、射击、乒乓球、柔道、羽毛球和蹦床8个技巧性分项上,共获38枚金牌(占51枚金牌总数的74.5%)和61枚奖牌(占奖牌总数的61%)。而田径、游泳和大球类集体等项目上我国还处于相对落后的状态。可以看出,我国在奖牌分布上,确实存在技能性项群明显强于体能性项群的"偏项"趋向。

当前,对我国是竞技体育大国的认知已经统一,但是不是竞技体育强国,尚有争论。就中国竞技体育综合实力来看,像奥运会、世界锦标赛、世界杯等顶级国际赛事,都能见到中国运动员的身影,且具有较强的竞争力。但不能否认的是,在国际主流体育项目,如三大球、田径、网球等项目,特别是足球项目,中国运动员总体实力较弱,竞争力不强,与我国的总体印象很不相符,迫切需要扭转这种不利现象。只有继续提高竞技体育水平,在国际主流项目上拿出响当当的竞赛成绩,才能让国际受众认同中国是大国、强国。

我国的竞技体育需要开放市场,让更多的群众、资金、机遇都参与进来,加快适宜项目的职业化、市场化进程,推动其健康可持续发展,减轻国家对竞技体育支撑压力,保障不适宜市场化发展的运动项目可以一同发展,构建举国体制和市场机制相结合的新体制。另外,加快推进竞赛体制改革,完善竞技体育后备人才培养体系,做好奥运筹备和备战参赛工作等方面,也是未来我国竞技体育需要完善的。

我们应在坚持和完善举国体制、保持我国竞技体育特点和优势的基础上,不断培育新的金牌增长点,推动竞技体育内部不同要素、不同区域、不同项目、理论与实践之间的均衡发展,增强中国体育的综合实力和国际竞争力。这些对体育强国建设也有重要作用。

（三）竞技体育已成为现代社会物质和精神生活的重要内容,具有多功能价值体现

竞技体育的社会价值是多方面的,其先导作用也在这一问题上表现出来。以奥运会为代表的竞技体育盛会通常能够带动一个国家全民重视体育的程度,引发社会广泛关注,激发民族热情,进而带动全民健身的开展和群众体育的发展;能够作为社会对话交流的平台,促进民族团结和社会和谐;能够促进学校体育向多元、合理化完善;能够加快社会公共服务建设,优化社会资源;能够传播和弘扬体育文化和民族精神,是开展国民教育的良好契机。从这任何一个角度来说,竞技体育强国建设对体育强国建设的突出性贡献也是不可回避的,在实现由体育大国向体育强国转变的过程中,竞技体育应始终保持先导地位,才能彰显体育强国的本质特征。我国要继续发扬以顽强拼搏、为国争光为核心的中华体育精神,探索当代体育发展规律、提高科学训练水平,在坚持我国竞技体育举国体制、保持我国竞技体育特点和优势的同时,积极挖掘潜力、优化结构、提高效益,推动竞技体育内部各门类均衡发展,不断增强我国竞技体育的综合实力和国际竞争力。要充分发挥竞技体育特有的振奋民族精神、增强民族凝聚力、促进国际交流等社会功能,充分发挥竞技体育的龙头作用,带动整个体育事业的繁荣发展。

七、奥运争光在竞技体育强国建设中的作用

"奥运争光计划"是中国政府为了适应国内经济建设和改革开放事业的发展,顺应国际竞技体育发展趋势和规律,针对我国竞技体育发展要求而制定的纲领性文件,是推进竞技体育强国进程的重要手段。"奥运争光计划"的有效实施对我国竞技体育的发展起到了不可忽视的作用。

从某种程度上来说,没有"奥运争光计划",就没有我国竞技体育在奥运会上的辉煌业绩。因此,从历史的眼光来看,"奥运争光计划"对我国竞技体育发展是有着重要历史功绩的。这些历史功绩主要体现在以下几方面。

(一)保持了我国竞技体育在奥运会上成绩 持续增长

从实施效果来看,"奥运争光计划"在推动我国竞技体育快速发展,增强竞技体育整体实力和综合竞争力,快速提升竞技体育在奥运会等国际赛场竞赛成绩,在实现赶超、发展和为国争光等方面起到了至关重要的战略支撑作用。以最具影响力和最直观的评价指标——奥运会竞赛成绩来看,从"95 争光计划"颁布到现在,中国竞技体育在奥运会赛场上取得了举世瞩目的跨越式发展。在 1996 年第 26 届亚特兰大奥运会上获得金牌 16 枚,排名第四;在夏季奥运会赛场上,在 2000 年第 27 届悉尼奥运会上获得金牌 28 枚,排名第三,金牌奖牌双双进入"第一集团";2004 年第 28 届雅典奥运会上获得金牌 32 枚,排名第二,金牌数首次超越俄罗斯;2008 年 29 届北京奥运会上获得金牌 51 枚,排名第一,金牌数超越美国位列第一,奖牌数稳居第二;从 26 届亚特兰大奥运会到 29 届北京奥运会,金牌数量的增长率分别达到了 75% 和 100%。可以毫不夸张地说,中国竞技体育在这四届奥运会上取得的成绩增长是近代奥运史上罕见的,尤其是在一些世界奥运强国出现成绩滑落的大背景下,中国奥运金牌能保持高增长率更是一个奇迹。在冬奥会赛场上,虽然我国冬季项目发展起步晚、基础薄弱,与欧美发达国家有着巨大差距,但是经过近二十年的努力,仍然取得了长足的进步和发展,甚至在短道速滑、空中技巧等个别项目上还形成了较强的国际优势。

（二）促进了我国竞技体育项目的发展

运动技术水平是评价竞技体育整体实力最直观、最具体的指标之一，也是"奥运争光计划"目标任务实现程度的直接反映。而在实施"奥运争光计划"之前，从我国运动技术水平的实际情况看，项目实力不均衡是最突出的问题，具体表现为具有绝对竞争力的优势项目数量偏少，而且国际影响力不高；田径、游泳、水上项目等基础项目、金牌大项及具有广泛影响力的球类集体项目距离国际水平差距明显，属于典型意义上的弱势项目，竞争力非常薄弱；潜优势项目突破点不多，且水平起伏大、稳定性差，难以为竞争提供强有力的支撑。我国竞技体育项目的总体情况是"分布广但水平低"。在主要依靠国家财政支付成本的情况下，这种现状使得项目发展既难以在基础上普遍提高，又难以在重点上有所突出。最终的结果是资金总量投入不小，但竞技体育的整体地位却难以有效提升。针对这种情况，"奥运争光计划"进一步明确了"建立结构合理，优化组合，多维支撑"的项目布局理念。在这一理念支撑下，对运动项目包括优势项目、准优势项目、潜力项目、相对弱势项目进行科学排队和考量，我国竞技体育中原来具有国际领先水平的项目的实力得到了巩固，如乒乓球、羽毛球、跳水、射击、举重等。同时，一些原来基础较差的项目也得到发展，其中引人注目的项目如男子田径、女子网球、皮划艇等。

（三）为社会公益金注入竞技体育发展提供了
较充分的理由

在举国体制下，我国竞技体育的发展经费主要来源于国家财政性支出。但随着竞技体育的规模扩大，运动成绩的成本提高，其耗资巨大，仅靠国家拨款不仅难以促进竞技体育的进一步发展，甚至连保持已有的成绩也有困难。在这种情况下，竞技体育的发展必须拓宽资金来源，在体育市场上做文章,向市场要效益,提高"造血"功能。按照其他国家的办法,资金来源可以有两种模式,一是转移训练成本支付,即将训练成本转移由接受训练的个体来承担,按照我们的说法就是"有偿选练";二是对项目进行市场开发,用赚取的利润来保证相应项目发展的资金需要。很显然,就我国现有的国民体育意识和体育市场的成熟度来说,这两种办法都行不通。唯一的办法就是动用属于公益金性质的体育彩票的盈余。然而,发行彩票本身是属于社会公益行动,其盈余所得应该用于社会公益事业,即能够使广大民众从中受益的社会事业。而竞技体育本身并不属于这样一种事业,而且我国广大普通民众也并没有从中得到实际的利益。在这种情况下,动用社会公益金来发展竞技体育就必须要有一个合适的理由。这个理由就隐含在"奥运争光计划"中的"争光"二字之中,因为这个"争光"是"为国争光","为国争光"是国民的应有义务。根据这个逻辑,以"奥运争光"的名义不仅可以动用纳税人的钱(即国家财政拨款)来发展竞技体育,也可以动用社会公益金来发展竞技体育。我国体育彩票不论从发行数量还是规模、种类,发展前景都很乐观,有利于竞技体育的可持续发展。事实上从 1994 年到 2004 年的 10 年中,体育彩票收益用于"奥运争光计划"金额总量达到 61 亿元人民币。平均每年 6.1 亿元。可以想象,没有体育彩票的资金支持,我国要在第一期"奥运争光计划"颁布后的四届奥运会上取得如此骄人的成绩几乎是不可能的。

(四)增强了国民的民族认同感

"为国争光"不仅是我国参与奥运的最高目标,在某种意义上来说也是国家发展竞技体育的价值追求。现代体育虽早已不以救亡图存为使命,但其中为国争光,振奋民族精神,在国际社会中展示大国形象、扩大国际交流的言外之意恒久不变,国际利益之上的价值追求是永恒的原则。在奥运面前,全国人民可以实现全民热情和至高的团结,心中充满了美好的愿景,心与心连在一起,共同为国之骄子呐喊鼓劲,饱含民族自豪感和民族认同。其在增强民族自信心、自豪感,为民族振兴提供精神动力方面发挥了重要作用。从历史上看,新中国竞技体育伴随着共和国的成长,诸如"团结起来,振兴中华""冲出亚洲,走向世界""为国争光、无私奉献"和"顽强拼搏,团结协作"等的中华体育精神和北京奥运精神等都带有鲜明的时代印记,运动员在奥运赛场上表现出了顽强拼搏、积极向上、争创一流的精神和为国争光的民族情操,增强了整个国家和民族以及广大社会成员的向心力和凝聚力,都为不同时期我国社会发展提供了鲜活的精神动力。

我们都知道奥运会上的颁奖仪式具有明显的政治象征意义,这种意义通过升国旗和奏国歌来表达。当我们的运动员一次次站在最高领奖台上时,我们的国旗就一次次伴随着国歌的响起悬挂在最高的位置时,在那一刻,不论身在何处,只要身上流淌着华夏民族的血液,都会为自己是中华儿女而激动、自豪。因此,一届胜利的奥运会,其本身就是向国民进行民族认同感教育的良好素材,就是加强民族向心力的良好契机。而"奥运争光计划"则正好保证了奥运会这种教育作用的有效产生。运动员在赛场上表现出的这种精神所折射出来的力量,在现实中能够迁移到社会文化建设,推动非体育领域发挥和体现更广阔的社会价值和社会效益,对推动社会各行各业的发展具有不可估量的作用。

未来,我国体育事业必将发生重要的积极变化,但奥运会仍将是我国竞技体育事业中的核心工作,《奥运争光计划纲要》的研制立足于国家的全局发展需求,适应社会主义市场经济的发展,顺应国际竞技体育发展趋势和规律,积极探索具有中国特色的竞技体育发展道路,对未来十年我国奥运工作的发展目标、指导思想、工作方针、任务及措施进行科学规划与设计,提出新时期奥运工作的新思维、新目标,为实施竞技体育全方位、多层次、全过程的系统管理与控制提供宏观指导,实现新阶段竞技体育的高效、快速、健康发展,推动我国由体育大国向体育强国转变。

参考文献

[1]高雪峰.论竞技体育功能多元化与政府之间的关系[J].武汉体育学院学报,2004,38(2):1-3.

[2]周晓虹.冲突与认同:全球化背景下的代际关系[J].社会,2008(2): 20

[3]黄勇,邹克宁.中国竞技体育多元功能分析与评价[J].武汉体育学院学报,2001,35(1):23-27.

[4]惠艳,韩永搏,刘洋.竞技体育运动训练中应树立"以人为本"的新思想[J].吉林体育学院学报,2005,21(2):29-30.

[5]话说体彩公益金之一:248亿元办了多少实在事[EB/OL]ht-tp://www.sports.cn.2004.11.03.

[6]杜敏.以人为本与和谐社会[D].昆明:云南师范大学,2005.

[7]张振东,黄迎乒,张涛,等.完善和发挥我国竞技体育举国体制优势的研究[J].广州体育学院学报,2002,22(5):7-11.

[8]徐本力.体育强国、竞技体育强国、大众体育强国内涵的诠释与评析[J].天津体育学院学报,2009,24 (2).

第三章

理论借鉴：
竞技体育人力资源研究

一、竞技体育人力资源概述

(一)竞技体育人力资源及其配置的内涵

一般而言,竞技体育人力资源指的是,在竞技体育领域中接受过体育专业教育指导或是受过专门运动训练的、能够推动体育竞技事业的不同类型的体育人才的总和。竞技体育发展所需人员的现实和蕴藏在人身上的能力,但这种能力是无形的,包括人的素质、知识等。由此对竞技体育人力资源的分类有广义与狭义之分。竞技体育的人力资源从广义上可以理解为,凡是对竞技体育发展起到直接或间接作用的人员都可以纳入竞技体育人力资源的范畴。如经常锻炼的体育人口、积极分子、体育志愿者等群体,他们对竞技体育的发展起到了一定的促进作用。狭义地讲,竞技体育人力资源是指构成竞技体育活动基础和投入竞技体育活动的工作者,它以运动员和教练员为最基本的单元,构成人力资源的核心子系统,以此为中心,众多相关人员组成了与竞技体育发展密切相关的外围子系统。

竞技体育人力资源配置是根据竞技体育可持续发展的目标和实际需求,对体育人力资源按照一定原则进行合理调配,是从不同项目发展的数量和质量上对人力资源进行有效分配的过程。肖林鹏等(2003)认为人力资源的最大效益在于充分利用人力资源分配制度,采用合理的配置方法与手段,实现对竞技体育人力资源的潜在功能进行充分挖掘。

本研究所说的竞技体育人力资源,是指对竞技体育发展有直接推动作用的人员的现实及潜在禀赋的总和,这些人员的现实及潜在禀赋主要包括人的素质、知识和能力等方面。由处于不同层次、不同领域的众多人员组成了竞技体育人力资源系统,其中运动员与教练员构成竞技体育人力资源系统的核心子系统,以此核心子系统为辐射,其他竞技体育人力资源相关人员主要包括体育系统内的各级各类管理人员、科研人员、裁判员、医务人员、教学人员、后勤服务人员、外事工作人员、经营人员、中介人员等组成了与竞技体育发展密切相关的外围子系统。

(二)竞技体育人力资源的结构

竞技体育人力资源的结构是指一个国家或地区的竞技体育人力资源在不同层次结构、不同奥运项目、不同地区等方面质和量上的配置与组合状况。一般可分为以下几种结构。

1.竞技体育人力资源自然结构

竞技体育人力资源的自然结构是以人的自然生理属性或特征来进行人力资源配置与组合,它包括竞技体育人力资源的性别结构和年龄结构,这是竞技体育组织人力资源队伍最基本、最一般的情况。

2.竞技体育人力资源文化结构

竞技体育人力资源的文化结构是以受教育程度来考察人力资源的组合情况,竞技体育组织中人力资源的文化结构是指在某一时点,组织中具有各种不同文化层次的人员数量及其在组织中所占的比例。它直接反映竞技体育人力资源的质量、智力资源的拥有情况以及竞技体育人力资源的存量。

3.竞技体育人力资源专业技能结构

竞技体育人力资源的专业技能结构是以专业职称、技术等级而进行人力资源的组合。职称有技术系列、管理系列,每一个系列有高、中、初等级之分。在一定时间内,不同级别的专业职称和技术等级的人员数量及其各自在竞技体育人力资源总量中的比重,即为组织人力资源专业技术结构。它反映组织人力资源拥有情况和组织现实的技术实力,也是现代组织的重要结构指标。例如,在等级运动员方面,运动健将是我国高水平运动队参加各类竞技比赛的主力军,反映着我国竞技体育的基本实力和整体水平。

人力资源结构的合理性是影响竞技体育内部生态的重要因素,影响着竞技体育可持续发展。我国正处于社会转型期,社会基础的复杂变化和经济基础的调节使得竞技体育结构也在面临改变的局面。后奥运时代,竞技体育有了更加丰富的内涵,面对种种新的机遇和挑战,竞技体育人力资源结构必须适应市场发展的积极调整,在重点培养新时代高水平运动员和教练员的主力人力资源的基础上,大力培育竞技体育保障人才,不断完善人力资源结构使其趋于合理化并作为未来竞技体育人力资源结构调整的主要方向。

(三)竞技体育人力资源的类型

对竞技体育人力资源进行科学地分类,可以深化对竞技体育人力资源的认识,提高人力资源培养的质量与数量,更好地发挥竞技体育人力资源的效益。根据人力资源分类原则和基本要求,可以按照人力资源的工作特点、能级水平等进行分类。

1.按人力资源的工作性质分类

根据竞技体育人力资源的工作性质可将竞技体育人力资源分为运动

型、训练型、管理型、科研型人力资源等。

（1）运动型人力资源

运动型人力资源是指具有较高运动技术技能，专门从事运动训练并在运动比赛中取得或可能取得优异成绩的人力资源。

（2）训练型人力资源

训练型人力资源是指那些具有较强体育专业理论知识和丰富训练经验，在体育训练领域直接或间接从事教练工作的人力资源。这类人力资源主要是指在训练领域中具有一定才能、做出一定贡献和工作成绩较显著的教练员。

（3）管理型人力资源

管理型人力资源是指具有良好的管理素质，掌握管理科学和领导艺术，在竞技体育管理活动中参与组织、协调、决策的人力资源。这类人力资源不仅仅指在体育行政部门具有较高领导水平的领导者和行政人员，也包括在各类运动竞赛和群体活动中具有较高管理水平的组织者。

（4）科研型人力资源

科研型人力资源是指那些具有较高的体育专业理论水平和科学研究能力，参与研究体育领域内科学性、创造性问题的人才。这些人力资源主要指用体育理论从事各项科学研究使之运用于竞技体育中的专家学者。

2. 按人力资源的能级分类

根据体育人力资源的学识水平、技术水平、创造能力和成果大小，可将竞技体育人力资源分为高级体育人力资源、中级体育人力资源和初级体育人力资源。

（四）竞技体育人力资源的特点

人力资源是竞技体育长期可持续发展的关键因素之一，也是最为核心、稳定的资源类型，其充分体现了在社会生产与实践中人的主观能动性和驱动力。竞技体育是以人为中心载体的社会活动,因此,把人力资源这一环节搞清楚、弄明白,对竞技体育的发展作用是十分积极的。竞技体育人力资源具有作为人力资源的一般特征,与其他类型人力资源相比,竞技体育人力资源还具有以下显著特征。

1. 稀缺性

相对于人类的需求而言,资源在客观上都是稀缺的。与其他资源一样,竞技体育资源的稀缺也不例外。竞技体育人力资源的稀缺是就竞技体育人力资源与竞技体育发展需求的矛盾而言的。我国从事竞技体育的人员数量本身就不多,而且当今世界各国竞技体育的竞争之激烈更体现了人力资源的宝贵,是否拥有一支优秀的教练员、运动员及工作人员队伍无时无刻不在影响着一个国家在世界体坛的地位。

2. 目标性

首先,天津竞技体育人力资源的总目标是要为中国竞技体育可持续发展提供支持。其次,竞技体育人力资源子系统各有其局部的目标。竞技体育人力资源系统各种目标间需要统一与协调,局部目标必须服从于整体目标的实现。为此,竞技体育的发展过程中,各级各类人力资源必须充分认识到这一重要特征,防止在实际工作中出现偏差,要特别重视以动员为"目标",如在运动训练过程中,为使运动员适应高水平的竞技比赛,需要对运动员身心进行有目的的改造,作为教练员,应积极与其他人员协作,有针对性地以运动员为中心,充分考虑运动员的人性特点,对运动员进行积极"改造"。

3. 整体性

竞技体育是一项系统工程,这就需要发挥竞技体育人力资源的整体性功能,实现"1+1>2"的整合效应。当今竞技体育已由运动员及教练员构成的简单参赛系统发展到众多人员高度合作的复杂系统。通过近几年我国在奥运会上取得的成功经验中可以看出,在管理人员、科研人员、信息服务人员、后勤准备人员、医务监督人员等多方面的协调合作下,我国运动员的竞技能力及参赛水平得到了最大程度的发挥,可以说任何一个运动员的成功无不是凝结了众多人员的智慧。

4. 调控性

竞技体育人力资源的调控是指为实现既定目标而运用各种政策、制度、法规等手段对竞技体育人力资源运行过程进行的调节和控制,这体现在对竞技体育人力资源的培育、开发、配置及利用等基本环节进行调控。作为兼有社会与自然双重属性的人力资源无疑是最难控制的"系统",对各类人力资源的控制实行过分干预或放任发展的极端做法都是不可取的。为使各种类型的竞技体育人力资源发挥出各自的最高价值,就必须采用合适的方法手段,一方面激励人力资源自觉发挥其内在动力,另一方面又要通过一系列的计划、行政、经济、法律等调控手段,同时还要建立健全一系列体系机制等来引导竞技体育人力资源的发展。

5. 动态性

竞技体育人力资源可以进行时间和空间上的流动。竞技体育所包含的人员种类众多、职责繁多,在不同时期和不同任务驱动下,不同环节中的人员会面临动态变化,以适应变化着的环境。人力资源的动态性体现在以下几个方面:1)竞技体育中一切人力资源因趋于更优越的工作环境和薪资的正常流动。2)队伍的整合和重建,比如在因筹备新兴项目而组建整个训练和备战队伍或在不同的赛季集中备战冬、夏季奥运会所涉及的人员的临时流动。3)运动员的跨项发展以及教练员的跨项执教。4)竞技体育内部人员职业角色的更换,如运动员退役后从事教练或裁判等。竞技体育的动态性有利于资源的优化配置,一定程度上促进了竞技体育的可持续发展,实现"造血"功能。该动态性特点就要求竞技体育系统内部做好人员流动的管理和保障工作,建立和完善运动员退役去向机制,鼓励具有教练资质等相关才能的运动员实现系统内再就业。

二、竞技体育人力资源的培养

(一)竞技体育人力资源培养的必要性

1. 奥运战略的需要

我国竞技体育人力资源开发与管理的根本目标是保证奥运战略的实施,为实现竞技体育可持续发展而合理有效地挖掘人力资源的价值及潜能。可以说,未来奥运赛场的竞争,除超强度的刻苦训练之外,也是国家与国家体育科学技术水平与竞技体育人力资源开发与管理水平的综合大比拼。这主要体现在高科技手段对体育的介入程度,科技与训练的结合方式,教练员的科技意识和科学训练水平,竞技体育人力资源开发与管理的制度建设、组织实施等。竞技体育人力资源开发与管理水平的高低和应用程度将是决定该国在未来国际体育竞争和世界体育总格局中所处地位的重要因素。目前我国竞技体育人力资源生态呈现出明显的过渡特征,其整体性功能尚待挖掘和开发,普遍存在结构失衡、配置不均、培育不足、利用不当的显著问题,还需进一步明确和解决。

2. 竞技体育可持续发展的需要

要使竞技体育长久保持健康、快速、可持续发展,竞技体育人才的可持续性问题就成为必须要解决的根本问题。竞技体育人才的可持续性主要有两个层面的含义:第一,竞技体育人才来源、选拔和培养的可持续性。目前,由于竞技体育训练单一化、市场经济多元化等诸多因素影响,人才来源不足,竞技体育人才的可持续性受到严峻威胁,竞技体育人才来源匮乏,有的运动项目甚至是极度匮乏。竞赛场上,老将比比皆是,人才后继无人已严重影响我国竞技体育的可持续发展。第二,竞技体育人才自身发展的可持续性。随着对于人的发展可持续性认识的深入,以及市场经济对人才的要求,作为阶段性的、职业的且淘汰率极高的竞技体育人才,退役后也将面临无情的市场选择,知识技能的单一性、局限性使一大批竞技体育人才面临失业的困境。

我国竞技体育人力资源包括运动员、教练员、管理人员、科研人员、裁判员、医务人员、教学人员、后勤服务人员、外事工作人员、经营人员、中介人员等。目前我国竞技体育人力资源的整体质量不高,尤其是运动员、教练员等核心因素,其文化水平偏低,像运动员以初中文化程度为主,受高等教育的运动员数量太少,这样的文化水平决定了我们运动员的训练方法大多只能是模仿式,运动员很难用医学知识进行自我监测、用科学的方法分析理解技术原理。教练员的文化程度也普遍较低,经多省实证研究显示,竞技体育教练员由专业运动员退役后走上教练岗位的比例均超过50%,专业运动员退役后深造学习再走上教练岗位以及体育院校毕业生成为教练员的却成倍减少,并且我国的教练员大部分是运动员科班出身,"近亲繁殖"或师徒沿袭现象比较严重。因此应该全面提高竞技体育人力资源多维素质,加强我国竞技体育人力资源的培训。本书主要讨论运动员、教练员的培养。

(二)教练员的培养规格

教练员是运动训练过程的主要监控者,是教与学、训与练矛盾中的主要方面,在实现运动训练目标中起主导作用。随着竞技体育的发展,现代运动训练对教练员自身素质的要求越来越高。本书认为作为优秀教练员应具有以下基本素质。

1. 强烈的事业心和高度的责任感

强烈的事业心和高度的责任感是事业成功不可缺少的思想基础,是做好本职工作的前提,是克服枯燥训练和重重困难的精神动力,是教练员在训练过程中发挥主导作用的基础条件,也是我国竞技体育发展对教练员提出的一种专业要求。在运动训练中,教练员是一个全面关心运动员成长并对运动员施以全面影响的角色,教练员的事业心和责任感对运动员培养有着潜移默化的影响,教练员的气质和人格很大程度上影响了运动员的做派和精神品质。事业心和责任感包含了集体荣誉感、刻苦钻研精神、敢于挑战传统技术与方法的创新精神,等等,都是教练员工作中必备的精神基础。纵观我国优秀教练员的成功路径,强烈的事业心和高度的责任感总是与"成功"二字形影不离,集中表现在,教练员必须要具备坚定的信念、吃苦耐劳的精神和诲人不倦的教育者风范。

2. 合理的知识结构

在现代竞技体育领域,教练员仅仅凭过硬的训练经验已经不足以适应竞争激烈的环境,需要新的理论和方法来指导实践。教练员应具备怎样一个专业知识结构,不同时期、不同训练发展水平对教练员的要求不一样。我国运动训练管理方面的研究专家孙汉超教授认为,运动训练迄今为止仍然主要是一种生物改造和生物适应的过程,因此,运动训练学和体育生物学科知识必然成为教练员知识结构的核心和主体。另一方面,运动训练的对象是人,而人具有生物属性和社会属性两个方面的特点,因此,马克思主义哲学、体育教育学、体育社会学等社会科学知识在教练员的知识结构体系中也占有重要地位。教练员的知识结构应该包括有关运动员的知识、运动竞赛的知识、体育教学的知识、运动与保健的知识、体育组织管理的知识以及以及相关知识,生理、心理、生化等综合性知识以及人文知识,这些知识经过反复应用和实践,最终形成相应的技能和能力。

表 3-1　教练员合理知识结构表

必须掌握	应掌握	应了解	应一般了解
专项训练理论 专项技、战术 运动训练学 运动心理学 运动营养学 竞技体育管理	运动生物力学 运动医学 运动解剖学 运动生理学 马克思主义哲学 教育学 竞赛学	运动生物化学 体育概论 体育统计学 体育社会学	体育史 创伤学 行为科学 系统论、控制论、信息论"三论"基础知识

资料来源：徐家杰、孙汉朝主编：《体育学校管理学》，武汉工业大学出版社 1993 年版，第 403 页。

表 3-1 是关于教练员合理知识结构掌握程度的区分，为教练员形成合理的知识结构提供了知识掌握的方向。很显然，这些学科知识不可能完全包含一名优秀教练员所应具有的所有知识，很多知识还需要进行融合与交叉。而作为一名教练员，也不需要对所有的学科知识做到熟练掌握，关键在于如何把握好知识的侧重点。

3. 完善的专业能力结构

教练员的专业能力结构应表现在以下几个方面。

教学能力——技术、战术的重点与难点能够准确地区分，能较好地控制运动训练过程中的节奏，善于辨别运动员的运动状态，并能给运动员提供相应的保护能力和运动恢复措施。

认知能力——衡量当今优秀教练员的一个很重要的指标。认知能力要求能够正确地感知和把握信息，不断学习和充实自己，有较强的自学和逻辑分析能力。

管理能力——教练员是一个比较特殊的管理岗位，教练员对运动队的领导和管理对整个队伍的有序运行和运动员的高效训练有着主导作用。要具备管理全队每一环节和每一个人的能力，不仅要逻辑思维清晰，而且要深谙人性，展现人格魅力。

创新能力——运动成绩一次又一次地飞跃,世界竞技体育运动发展的每一台阶都包含着艰苦的创新活动,是一件具有挑战性的事情。竞技体育是最能体现创新水准的,这种创新对教练员来说包含的内容非常广泛,既有计划创新、组织创新,也有运动训练方法的创新、动作创新、器材运用创新、编排创新等。

评价创新——在教练的能力体现当中,懂得评价是很重要的一环。评价能够及时发现问题,找出问题的症结,从而赢得解决问题的时间,保证运动员在赛场上能够表现出最佳竞技状态。

4. 教练员应具有决策能力

竞技体育教练员的决策能力是教练员经验、勇气、发现问题、分析问题、解决问题以及面对突发状况的应急能力等素质的综合体现。教练员作为运动训练的管理者不仅要指导运动员做好训练,而且更重要的是组织和协调运动员以及围绕运动训练服务的其他人员的工作。教练员在训练组织过程中要进行一系列决策:未来一段时间训练和比赛的安排,在何地进行训练,要参加哪种类型的比赛、哪些选手参加比赛、训练和比赛当中出现意外事故怎么处理等等。管理中要经常决策许多事情,因此,掌握一定的决策能力对教练员来说是很重要的。当然,拥有决策能力,并不一定要求每位教练员都能娴熟地运用决策的定量与定性方法,但必须具有分析问题的能力和果断采取措施的魄力。他们必须能够敏锐地洞察事物的发展变化过程,善于捕捉细节信息,发现问题,能够透过现象抓住本质,判断问题的性质,预判发展趋势;必须能够在基本把握事物变化的基本脉络以后,在教练组成员制订了多种解决问题的可行方案的基础上,迅速果断地做出选择。成功的教练员通常是在别人还犹豫不决的情况下做出决策、采取行动的。

5. 教练员要有沟通的技巧

教练员与运动员之间的感情是基础,理解是桥梁。许多运动员从小以训练队为家,教练员就必须用爱和理解真诚地关心他们,运动员遇到问题及时与教练员进行沟通。教练员要理解运动员,理解运动训练管理人员,运动队成员间的互相理解是成功的重要保障。理解要借助信息的沟通来完成,教练员要充分聆听运动员或其他工作人员的倾诉,了解运动员的训练、学习和生活情况,从而协调好训练队的工作。

另外,教练员还应具有高尚的思想道德品质以及强烈的管理意识等。

(三)教练员的培训

教练员是运动队伍的组织者,也是具体训练计划的执行者。教练员的整体素养关系着运动队伍的建设和运动员运动技能的提高程度,是系统的核心要素之一。教练员的知识结构、执训能力、管理能力、科研能力和人格魅力等决定着他们的执教水平。在运动队中,教练员、运动员应该是教学相长的关系,教练员的能力和水平在一定程度上影响着运动员的水平,反过来运动员的训练和学习也能督促教练员不断进步。当代竞技体育的训练、竞赛和管理要求教练员不仅要有高水平的运动经历和深厚的专业知识,还应具备独特的竞技理念,能在比赛中镇定自若、运筹帷幄,指挥队伍获得最后胜利。而培训是提高人力资源质量的有效办法。

国内外青少年运动员训练的成功经验,无不说明教练员在其中的重要性。对于体育教练员的培养与提高问题,一直为世界各国所关注。如美国、苏联、日本等国家自 20 世纪 60 年代就开始重视体育教练员的培养工作,他们的绝大部分教练员都经过系统的学习、培训,有着较丰富的实践经验和一定的理论水平。教练员实行聘任制,在聘任过程中对教练员的评价内容主要包括运动员(运动队)的成绩和对竞技体育发展贡献大小。我国早期的体育教练员培训是在 20 世纪 60 年代后,主要接受苏联专家的培训,没有形成自己的培训体系。随着改革开放和经济的发展,我国的竞技体育水平不断提高,教练员的培训问题也越来越受到重视,逐渐形成了"三个结合,三个突出"的中国特色培训体系,即系统性与针对性相结合,突出针对性;理论与实际相结合,突出实践性;基础与应用相结合,突出应用性。1996 年以后,在完善各项制度的同时,全面实施教练员岗位培训制度。为了进一步落实《奥运争光计划纲要》和《全民健身计划纲要》,2000 年 6 月,国家体育总局下发了《关于"十五"教练员培训工作的通知》:2001 年 1 月 1 日起,只有经过教练员岗位培训并获得合格证的教练员,才能申报高一级教练员职务。此举加快了我国的体育教练员培训制度与国际接轨的进程。

近几年,我国教练员的整体素质有了很大提高,但总体来说,与国际教练员水平还有一定的差距。当前是信息爆炸的时代,知识更新的周期不断缩短。教练员培训应始终以下面几点为培训目标:一是加强运动训练理论的学习,更新观念,丰富知识;二是拓宽、加深、更新体育知识和理论;三是加强对大纲、教材及教法的实践和研究,注重理论联系实际;四是提高科研的水平和能力。因此,本书认为还应从以下几个方面着重推进教练员培训工作 。

1. 对教练员进行短期培训,鼓励教练员出国短期培训

我们可以举办运动队教练员短期培训班,增强授课的针对性,引入先进的训练理念、理论和方法,引入先进的管理知识,引入先进的科学技术,以启迪教练员的思考能力,拓展教练员的视野和思维的开阔度,促进教练员之间的横向交流,满足教练工作的需求。如 2005 年 8 月底, 国家体育总局举办了第一期国家运动队教练员培训班。参加培训的教练员对培训班给予了很高的评价,纷纷表示培训班针对性很强,参加培训收获很大,希望总局能经常举办类似的培训班。除此之外还应进一步推进教练员岗位培训规范化、制度化建设,进一步加强国际交流与合作,坚持派教练员出国短期培训,拓宽教练员的知识面。国家体育总局每年都会组织一线教练员出国进行短期培训,这项举措已经收到了比较明显的效果,在开阔教练员的视野、拓宽知识面、学习跟踪国际先进的训练理念等方面都颇有助益。今后,还应继续坚持这一举措。

2. 举办系列专题知识讲座

为更好地帮助教练员开拓思维、提高思想水平,国家体育总局可以举办多种形式的专题讲座,并逐渐形成长期性的系列培训,为教练员提供更多的学习机会。系列专题讲座应该精选讲座内容和方法,如在内容选择上突出阶段性、专题性、时代性、针对性、前瞻性、开放性,等等,在方法选择上强调多样性;既要包括宏观层面的理论知识,如战略思维、系统科学、团队管理、人际沟通、目标管理等,也同时应该有更紧密贴合项目实际的实践经验总结和已有科学研究成果的推广应用,像金牌教练的成功经验介绍、大赛期间的临场指挥、赛前准备、心理调节、体能训练、运动营养和防伤治伤等。系列专题讲座可以不拘形式,采取送教下队等方式。

3. 设置专门机构,建立稳定的培训基地

设置专门机构来领导和管理教练员培训工作是发达国家提高教练员素质的成功经验,如日本、美国和英国都设立了相应的机构来培训教练员,同时,还制定了教练员培训制度。我国尽管设立了相应的教练员培训机构,但由于组织措施不得力,很多教练员积极性不高。基于这种状况,主管部门应制定强有力的措施,硬性规定必须进行培训,以更新其知识结构,适应要求。同时,建立稳定的培训基地也是培训工作得以顺利进行的保证,应抓好三个方面的建设:一是基地领导班子的建设,要抽出有一定经验的领导和培训人员组织培训工作;二是教学条件和基础设施的建设,这是搞好培训工作的物质基础;三是加强师资队伍建设,这是培训工作的关键,一定要认真落实。

4. 编写适合教练员需求的教材,推广已有的先进成果

我们应该进一步紧密结合运动队的训练需求,引进国外先进的理论和实践成果,组织相关专家编写并出版一系列适合教练员需求和特点的教材,全面、系统、有针对性地普及知识,并推广已有的研究成果。定时更

新教材中的训练理论和方法，与时俱进。还可出版发行相关配套材料，如影视频资料、录音、手册等多种形式的指导文件，充分满足不同教练的工作需求。

5. 发动科研人员与教练员紧密结合，提高教练员的科研意识和能力

科研训练一体化，是体育科学化的必然要求。科研工作的途径首先应该坚持两个走向：一是教练员在训练实践中应该逐步走向科研的轨道；二是我们的专业科研人员逐步走向训练领域。教练员本身科研意识的增强和科研能力的提高是非常重要的，如何把科研成果转化为技术和训练方法？教练员是实践者，一切科研成果最后都要落实到训练中去，总要经过教练员的消化、吸收和运用。所以，在实际工作中要提倡、鼓励并创造机会促进教练员和科研人员的紧密结合，从而提高教练员的科研意识和能力。目前，我国竞技体育的发展速度是很快的，现在的发展远非改革开放初期的水平，与国际上的差距在缩小，教练员和科研人员的素质也在提高。在西方体育发达国家，有一些高水平的教练员，像体操、田径、游泳项目的教练员，在研究机构、实验室里是教授、博士生导师、心理学家、运动生物力学专家，在运动场上就是教练，有人把这叫作科研型教练员。目前，我国也出现了极少数的这种科研型教练员，是一种可喜的现象，将来应加大这方面的探索力度，培养出一批科研型教练员。

6. 优选和引进国际高水平教练，加大对教练组的整合力度

教练组的人员搭配很重要。我们应不拘一格，挑选不同运动背景、不同知识结构、不同思维模式的教练精英组合在一起，打破"近亲繁殖"的不良现象，营造优秀教练的"混血组合"，加大他们之间的思想碰撞，组建一支具有创新思维、较强执行力的教练队伍。有条件的话，引进国际高水平教练，与中方教练有机搭配，通过合理运用冲突手段，形成合理的碰撞，加速中西方教练员的融合过程，从而吸取西方教练的先进训练理念和先进训练方法，并结合中国的实际国情，经过一段时间的磨合探索出适合中

国运动员的、适合项目特点的中西合璧的执教之道,努力促进博采众家之长的执教水平的形成。

7.丰富培训模式,完善教练员再培训体系

根据实施情况,创新教练员的培训方式,增加线上、线下结合等多途径的培训形式。各级竞技体育管理部门应明确再培训目标,对教练员工作进行广泛调研,理解教练员在岗需求,规范组织和实施流程,注重培训效果与评价的反馈,及时做出培训内容和结构的调整。再培训时应增加对不同级别、项目教练员的针对性,特别是重视初、中级教练员。尽快建立多渠道、多层次、开放型的培养模式,建立竞技体育教练员培训制度。并且逐步推进教练员培训信息化进程,逐步建立全国教练员培训现代化信息管理网络,力争在有条件的地区发展现代远程教练员培训。

(四)运动员的培养模式

高水平运动员是运动队的主体构件,是该系统中的核心要素。运动员是教练员执教和管理人员管理的对象,运动员通过学习运动项目和文化科目完成训练过程,通过这些途径实施对运动员层面的控制,实现运动员的成长和培养效果。高水平运动员的培养是一个从选材、训练、参加比赛到退役就业的过程,此过程中运动队是一个封闭的系统,该系统由运动员、教练员、管理人员、项目场馆设施的物质条件以及教育环境和组织文化等要素组成。该系统还受一个地区政治、经济、科技、文化、教育政策、教育水平、社会需求和机遇等外部因素的影响。

国际奥委会前主席萨马兰奇曾指出:21世纪世界各大洲竞技体育走学院化之路将成为今后发展的总趋势。纵观当今世界体育强国,以美国为代表的一些西方国家可谓"竞技体育走学院化之路"的典范。美国不仅拥有坚实的体育后备人才基础,许多大学培养出来的高水平竞技运动员也时常在奥运会上摘金夺银,显示出雄厚的实力。美国竞技体育人才

的培养以教育体系为依托,形成了从小学、中学到大学紧密衔接的"科训一体化"的竞技人才培养模式。法国《队报》通过对美国 NBA 球员的调查发现:迄今为止只有三位球员(比尔、达里尔、摩亚)没有在大学里打过篮球,90%的 NBA 球员来自大学的甲级队。一个球员如果没有通过入学考试的某些功课,那他在大学一年级将无权打球,而要专心学习。由此可见,这些国家都将竞技运动训练与学校教育紧密结合起来。"体教结合"的培养模式已经成为未来高水平运动员培养的趋势。

长期以来,我国的运动员一直采用三级训练网、一条龙的举国培养体制,竞技体育后备人才资源的开发所选择的是选材——训练——输送的一条龙模式。培养了大量高水平运动员,成绩是巨大的。然而也存在着不少问题,主要表现为:第一,"学与训"的矛盾突出。这一模式在行政手段的干预下,独立于教育体系之外,重训练,轻文化教育和人格培养,后备人才的素质和能力也越来越难以适应未来发展的需要,人才的社会发展潜力有限,影响人才素质的发展。除此之外,该模式将竞技体育从体育教育体系中强行剥离出来,使后备人才的选择面大大减少。我国培养竞技体育人才一直采用包办形式,成立各级少体校,省、市体工队,直至国家队,走的是一条职业化的培养道路。这里的职业化是指运动员进入少体校后,一切经费都由国家提供,实施半训半学的方针。一旦进入体工队就成了一名职业运动员,即将训练、竞赛作为职业,不再继续学业直至运动生涯结束。第二,培养人才的效率较低。由于竞技体育系统资源缺乏,导致培养的数量有限,制约了一部分潜力人员的未来发展,也使竞技体育优秀运动员数量上不去,影响成绩的发挥。竞技运动的竞争十分激烈,运动员也会因各种原因而中止运动生涯。由于没有其他的专业知识技能以及相应的文化素质,再从事其他职业较困难,因而造成人才浪费。第三,退役以后的就业十分困难。

研究表明,一、二、三线运动员"宝塔型"结构是公认的后备人才资源开发较为合理的结构模式,其常规比例约为 1:3:15。有研究报道,我国竞技体育一、二、三线之比为 1:2.8:9.3,说明我国竞技体育后备人才资源存在"塔基"过小,选材面比较窄,对后备人才原始资源的利用率低。从资源的配置角度来看,我国竞技体育后备人才资源也存在使用不合理、效益差的问题。目前,我国竞技体育的一线、三线运动员相对较少,而二线运动员则相对较多,一、二、三线运动员的配置处于失衡状态,影响了资源的使用效率。再从后备人才的具体使用上来看,"拔苗助长""急功近利"等做法是我国竞技体育后备人才资源使用中违背人才开发和成长规律最典型的问题。

因此,要彻底解决这一连串的难题,必须按市场经济规律和社会化原则,通过教育特别是高等教育与竞技体育的有机结合,让竞技体育人才在提高运动水平、为国争光的同时,能够接受完整的教育,提高自身可持续发展的潜力和能力,这既是竞技体育人才培养教育化的需要,也是竞技体育人才享受高等教育的权利,更是竞技体育可持续性发展的本质所在。我们应该改变运动员的培养模式,加强竞技体育部门与教育部门的密切配合,通过与大、中、小学校的合作,采取优势互补的方式坚持走"体教结合"的道路。其具体形式如下。

第一,创办"体教结合"的体育运动学校,由体育局和教委合作创办体育运动学校,体育局和教委共同负担经费。体育局负责运动训练,选派教练员;教委负责文化课学习。

第二,创办"体教结合"的单项学校。这是体育局对体育传统项目学校采用"高岗填土"的方法,建立单项体育特色学校,培养单项竞技体育人才。

第三,体教联手共建体育特长生班。这是体育和教育系统联合,在领导机构、办班人数、项目、课程、训练、经费、管理等诸方面达成协议,共建体育特长生班,招收区内的体育尖子集中到某校的某班,这样便于集中教学和训练。

第四,依靠社会力量共建单项俱乐部。即体育和教育系统与社会一起联手在学校中成立单项俱乐部,这也是"体教结合"的一种新形式。它的优越性在于,不仅依靠两个系统,而且面向社会,争取社会的支持。这在资金筹措、场地设备及就学等方面具有较大优势。

第五,高校建高水平运动队。此形式解决了大学生运动员的训练和学习的矛盾,且为今后的就业打下良好的基础。1986年国家教委颁布普通高校试办高水平运动队的决定,当时审批了57所高校办高水平运动队。至今已有二百多所高校办高水平运动队,运动成绩提高很快。

第六,高校办竞技体校。

第七,学校、科研所、优秀运动队三位一体的"南体模式",即将高水平运动队及体育科研所都在体育学校内办。其典型例子就是南京体院,该校培养从小学到大学本科、研究生多个学历层次人才。运动训练方面,形成了6~30岁的竞技体育一、二、三线一条龙训练体系。运动员安排一定时间上文化课,同时保证系统的专项训练,较好地解决了学与训的矛盾。

不论哪种模式,关键问题就是在提升运动员专业技能水平的同时,始终要本着培养"全面发展的人"的原则,要把加强运动员文化学习的工作摆在重要位置,这不仅是培养人的要求,也是训练科学化的客观要求,同时也是提高运动员理解动作技术和教练员训练意图的重要支撑。

三、竞技体育人力资源激励

管理学中的激励定义分为狭义和广义两种:广义的激励是指调动人的积极性;狭义的激励是指促进人们行动的手段,实施人们能自己产生希望行为的原因。管理行为学中的激励主要是指启迪人的心灵,激发人的动机、挖掘人的潜力,使之充满内在的活力和内在潜力,开发人的能力,充分发挥人的积极性和创造性,使之产生实现组织目标的特定行为的过程。激励就是通过满足人的需要调动人的工作积极性、激发潜能的过程。从管理的角度来讲,管理者要通过激励,让下属其表现出组织所期望的工作态度、工作行为,从而转化为较高的收益回报。在人力资源管理的四个基本目的:吸引、保留、激励、开发人力资源之中,激励是核心。因此,古今中外各个组织的领导者、管理者都不同程度地运用各种各样的激励方式,以达到鼓舞士气、聚合人心、团结一致,完成组织的任务,实现组织的目标的最终目的。合理有效的激励是组织提高绩效的基本保障。美国学者通过调查发现,人在没有激励条件下,一般只发挥个人能力的 20%～30%,如果有良好的内、外部激励条件,个人潜力可发挥到的 80%～90%。由此可见,激励在调动人的积极性方面有着巨大作用。激励在竞技体育当中的应用,就是如何把所有竞技体育人才的动机目标紧紧地与更多的培养优秀的竞技体育人才和夺取更优异的运动成绩联系起来。搞好竞技体育人力资源的激励问题,有必要清楚激励在竞技体育人力资源培育当中的作用以及考虑竞技体育领域中人力资源激励所要遵守的原则。

(一) 竞技体育人力资源激励的作用

第一,激励在管理学中有着重要的位置,这是因为激励使得组织目标转化为个人目标,使个体由消极的"要我做"转化为积极的"我要做"。可见,激励的基本任务就是调动人的积极性,激发人的创造性和主动性精神。科学的激励可以在竞技体育领域创造竞争环境,以充分挖掘人的潜力,利用竞技体育领域强者生存机制,通过科学激励对竞技人才创造一种压力从而转变为动力。只有建立人与人之间持续竞争的机制,运动员才能更好地利用自己的技能,取得更好的成绩。

第二,不同的激励形式会产生不一样的效果。提高运动员薪资、奖金等收入的物质激励,不仅是对运动员产生的巨大社会价值的充分肯定,作为一种杠杆,也会激励更多的人追求创造优异成绩。更为重要的是,会吸引一部分人投身于竞技体育事业,而如今某些市场化发展较好的职业体育项目的社会影响力与日俱增,吸引了部分青少年进行相关项目体育锻炼、俱乐部学习等行为,目前越来越多的体育俱乐部的出现从侧面印证了这一点。随着竞技体育社会化影响力的提升,不断会有新的人力资源涌入,促进竞技体育的发展。当然,物质激励只是其中一种比较直接的激励方式,根据实际情况,选择适合的激励方式会发挥出同样的效果,甚至会更好。

总之,竞技体育人力资源激励是指通过各种有效的激励手段和方法,一方面可以根据教练员和运动员的动机、需要,强化和引导与项目发展目标相契合的个人行为,挖掘运动员的运动潜力,形成昂扬的斗志和积极向上的情绪,最大限度地发挥教练员和运动员的积极性和创造性,取得更加优异的训练和比赛成绩;另一方面可以实现运动员参与体育运动,最终参与社会活动,共享我国社会文明进步的成果。

(二)竞技体育人力资源激励的原则

1.激励的"全面满足"原则

(1)满足国情和人才的现实状况

依据国情是指依据国家现实政治经济状况、意识形态、文化传统和在此基础上形成的国人对奖励度量的理解。在这一问题上,国家层面要与民众层面相对统一,不能造成两者之间的消极差距。根据人才,则是指根据运动成绩对国人的影响程度和意义,以及运动员为此而付出的多年辛苦劳动的代价,要让激励与之匹配。总之,要在现有条件下衡量最佳激励的尺度,不受其他国家和因素所左右。

(2)在激励中要全面兼顾国家、集体和个体

在对竞技体育人才进行激励时,要考虑激励对象的全面性。考虑国家利益、集体利益和个人利益三者的充分结合。一位优秀运动员的出现,往往是多个部门与团队目标一致、团结合作的结果,在对运动员进行激励的同时,也不应忽视为此付出努力的集体,也要对相关部门、集体单位和个人给予相应的激励。特别是我国竞技体育的发展还处于转型期,实行"全面满足"原则是大势所趋。

（3）要全面考虑人的精神需求、物质需求和情感需求

激励的方式有很多,比如竞争激励法、目标激励法、风险激励法,等等,但从手段内容来看,无非物质激励和精神激励这两大类。从激励效果上讲,任何一种单形式的激励都没有两者按照一定比例和组织结合的激励方式的效果要好。人的需求都可以在精神需求和物质需求及情感需求中找到位置,精神需求和物质需求、情感需求的不同构成了人需求的复杂多样结构。因此,在针对这些需求进行激励时,要提倡物质激励和精神激励以及情感激励的合理搭配,这是全面激励的一个方面。实践已经证明:精神激励得不到物质激励的支持和辅助,效果不能持久,物质激励越是成为激励的主要手段时,更应强调精神激励的合理搭配。如果缺少情感激励,精神激励和物质激励的效益就不能最大化、持久化。在精神激励方面我国有着优良的传统和丰富的实践经验,在竞技体育领域精神激励的例子很多。如始于1984年的"中国足球三金奖"评选活动,它主要是对优秀足球运动员实施精神激励,为其他足球运动员树立目标和榜样。而情感激励在我国一些高水平运动队中也得到了很好的运用,如中国女排,长期实施的"传、帮、带"活动,教练员、领队和运动员打成一片,为运动员的成长创造了一个宽松温馨的环境。随着我国经济社会、文化教育事业的快速发展,依据马斯洛需求层次理论,人的需求会逐渐转向高级需求,追求自我能力和价值的实现将成为未来需求的主要因素。近年来,竞技体育人才的精神激励已不再局限于体育范畴,更具有了广泛的社会意义。所以,在运动员的激励过程中,不仅要做到精神激励、物质激励并重,更要及时将激励上升到情感激励的高度,以获得最大的激励效应。

2. 长、短期激励相结合的"永久动力"原则

激励的目的就是使被激励者时时处于适度的激励状态。不同阶段要有相应的激励,这样才能保证人才不断得到新的激励。因此,这就要求长期与短期激励充分结合。例如,奥运冠军是国家优秀竞技体育人才追求的最高目标,奥运冠军就是这些竞技体育人才长期激励因子中一个因子。

现实中不是所有的运动员都能成为奥运冠军，因此，应在运动员不同成长阶段进行不同阶段的短期激励，其形式可以是针对一场比赛的，也可以是针对输送人才这样一个周期，等等。通过短期激励目标的不断实现，使长期激励目标不断接近，长期激励的效果才能真正体现。

3. 宏观激励的"相互协调"原则

体育部门在激励过程中所采取的物质激励和精神激励的手段和措施，要与国家奖励政策和按劳分配的方针一致，并据此制订竞技体育领域人才激励、人才奖励的方案和规定。依据这些方案和规定对竞技体育人才激励进行宏观调控，避免激励一部分人而抑制一部分人现象的发生，从而对整个竞技体育领域的人才都有激励作用。竞技体育领域的激励要考虑与其他非体育领域的协调、与体育部门的其他领域的协调，在对竞技体育领域的不同人才种类间进行激励时，要考虑各自的贡献进行协调并处理，以免激励副作用的出现。

4. 激励中约束机制的"平衡发展"原则

我国竞技体育领域往往由于过分强调了激励中的利益机制而逐渐淡化了相应的约束机制。因此在对成绩给予奖励的同时，要同时强调其应有的行为约束和承担的责任，即履行相应的责任与义务。我国竞技体育大部分项目中存在着奖励有余、约束不足的现象。管理学中强调奖励和惩罚要对等，实际上许多运动员职业化早的国家也是这样做的。例如，意大利足球裁判协会设有专门的调查办公室，负责处理被举报或被发现的裁判违规事件，调查分为地方检察、国家检察和上诉意大利足协三个层面。因此，对我国竞技体育人才实施激励时，应将"激励"与"约束"紧密结合，强调激励中约束机制的平衡发展。

5. 激励的差异化和多样化原则

因为每个人价值观和世界观不同，因此对待同一事物每个人的看法和要求不尽相同。因此在激励过程中应该注意针对不同的人采用不同的激励方式。人的需要一旦满足，原有的激励就不再起积极的决定作用，即已经满足的需要就不再是激励因素。既然激励的本质就是满足人的需要，而人的需要又是多种多样、不断发展变化的，因而激励方式也就必须多种多样、彼此有差异。竞技体育要实现可持续发展，其激励也应该是可持续的。长期采用一成不变的单一激励手段、激励方法、激励内容是行不通的。在实施激励时，要根据运动员、教练员的需要变化采用相应的方式。

（三）竞技体育人力资源"五结合"的激励模式

1."五结合"的激励模式

第一个结合是国家、集体和个人利益充分结合。第二个结合是一、二、三线队伍充分结合。第三个结合是激励与约束结合，弥补当前我国偏重奖励的不足。第四个结合是长期激励和短期激励的紧密结合，即长期激励中有短期激励，短期激励中包含长期的激励。第五个结合是物质激励和精神激励、情感激励紧密结合。

2."五结合"激励模式的主要目标

（1）建立个人、群体和不同项目之间整体激励机制

实施激励时，对一、二、三线的竞技人才，根据贡献的多少要全面激励。另外，整体的激励机制的建立和实施，根据我国竞技体育当前的客观情况，还应包括竞技体育领域内职业化与非职业化竞技体育人才的整体激励问题。

（2）建立适合我国国情的激励形式

对竞技体育人才实施激励时要充分考虑我国的国情，体现中国特色，这样激励效果才能好。为此，首先要求领导者善于目标整合，即将国家、

集体、个人三者利益结合起来,使目标切合人才的需要,具有较高水平又切实可行,使人才感到工作的挑战,同时又可以达到相应的目标;其次在达到目标时要给予物质和精神激励,并在实现这个目标的全过程中给予运动员情感激励,使被激励者感到满意。我国竞技体育人才激励,要在我国社会主义分配制度的指导下,既体现"多劳多得",同时也体现竞技体育领域的基本保障功能。如今的运动员的伤残保险,是保障功能的完善。

(3)激励与约束相结合机制的建立

由于我国职业化项目中的总收入不是"自身造血"的结果,因此没有真正依靠市场和竞争取得应得的"激励",所以这是激励机制的不完善之处,需要政策扶持及制度的健全。另一方面,在我国竞技体育人才稀少或缺少竞争的情况下,容易造成"养尊处优""目光短浅"现象。由于巨大的物质利益驱动,会使许多人视规则、制度为儿戏。从这个角度来看,赋予一定的约束机制更为重要。

四、竞技体育人力资源流动与人才市场

(一)竞技体育人力资源流动的必要性

竞技体育人力资源的合理流动是体育人力资源合理配置的重要途径。只有将人力资源相匹配于物质资源,才能转化为有效的产品和社会服务。不流动的人力资源,很难实现与物质资料的最佳组合,造成使用效率低下甚至资源浪费,只有流动才能使市场机制发挥作用,不断接近于最佳配置。我国竞技体育人力资源的合理流动是我国优秀运动队建设的重要内容,通过合理的人力资源流动能够进一步满足竞技体育人力资源的个人需求。流动包含着竞争,通过竞争提高人力资源的综合素质,保证竞技体育人力资源市场的活力和效率,加速竞技运动水平的迅速提高,有利于开发、培养、使用人才,改善体育队伍的人才结构,避免人才闲置和过分匮乏的两种极端情况。人才流动是实现全国范围的优化组合和取得最佳社会效益及经济效益的必由之路。竞技体育人力资源的合理流动对改善体育队伍的整体素质极为有利,是实现体育强国的根本措施之一。建立和不断完善竞技体育人力资源的市场化交流机制,并有效地加以调控,通过流动解决人才的供需矛盾问题,实现人才资源的最优化配置,建立健全竞技运动人才要素市场,促进竞技体育人才的合理流动是必要的。

反之,竞技体育人力资源缺乏流动或不合理流动,将会带来许多不良后果。首先,竞技体育人力资源流失严重,带来人才断层和短缺,加剧了隐性流失,进而影响竞技体育系统的正常运行。比如,在 20 世纪 90 年代我国某些高水平运动员为追求优越的薪资水平和生活条件转行或为其他国家效力,这对我国来说就是一定的人才流失,不利于我国人力资源的可持续性。其次,竞技体育人力资源的不合理流动是造成体育人才分布不均衡的重要因素之一。从现实状况来看,由于我国竞技体育人才资源流动政策、法规、制度、市场等条件的不完善、不成熟,加之长期以来形成的政府统包统分管理方式的惯性作用等客观原因,导致目前竞技体育人才资源交流中的不规范行为。另外,我国竞技体育人力资源的分布还不合理,突出表现为东部沿海城市人力资源多,西部内陆地区相对缺乏,不同项目的运动员区域间分布也较不平衡。这种资源的单向性流动,造成了竞技体育人力资源分布不平衡的不合理流动。除此之外,竞技体育人力资源的不合理流动影响了部分单位和地区培养人才的积极性。事实上,某些单位或项目中会存在自己花了大量时间和精力培养出来的优秀人才流向其他单位的现象,训练单位的利益得不到充分保障,自然会影响了培养方的积极性,不利于竞技体育人力资源的培育工作。

(二)竞技体育人力资源流动的作用

1. 协调竞技体育人才资源流动性与稳定性的关系

党的十七大提出了新时期的科学发展观——坚持以人为本,维护人民在建设社会主义事业的主体地位,走又好又快的可持续发展道路。同样竞技体育事业的发展也要坚持科学发展观,走可持续发展道路。竞技体育人才资源必须在客观经济规律和竞争机制的共同作用下,根据市场的供求关系合理配置。政府管理部门应该从人才个体的需求出发,辩证地看待竞技体育人才资源的流动问题,正确处理好竞技体育人才资源的流动性与稳定性关系。那种人为的促进、抑制人才流动,或者一味强调人才的流动性,而忽视人才稳定性的做法都不可取。竞技体育人才资源的稳定和流动是辩证统一的,稳中求动、动中求稳,才能达到流动促稳定、流动促发展的目的。只有协调竞技体育人才资源的流动性与稳定性关系,才能发挥竞技体育人才的主体地位,实现竞技体育的可持续发展。

2. 实现竞技体育人才资源的合理配置与充分利用

竞技体育人才资源的合理流动,可以实现竞技体育人才资源的合理配置和充分利用,使有限的竞技体育人才资源效益达到最大化,促进竞技体育更加均衡发展。同时避免了强者越强、弱者越弱的局面,对地区间格局的改变、实力的平衡起到积极的作用。此外,由竞技体育人才流动产生的竞争,可以充分调动人才自身的能动性,发挥人才自身的潜力。如我们所熟悉的 NBA,正因为其自身有一套科学的聘用、选人制度,才保证他们的球队能在全世界范围内挑选顶尖球员,能把这些球员合理地分配(流动)到每支队伍,使所有 NBA 的参赛队实力相当,比赛也始终具有激烈性、精彩性和观赏性,实现了人才资源的合理配置、实现了效益的最大化。

3. 规范和繁荣竞技体育人才市场

目前由于一些领导和决策层存在急功近利的思想,错误地理解了"奥运战略",一切以拿奖牌为中心,只注重对顶尖人才的培养,忽视了对发展性和后备人才的培养。更有甚者为了出成绩,常常"拔苗助长"和"竭泽而渔",高淘汰率、文化学习的荒废、就业的艰难等问题一直存在,并且往往由于某一个环节的失误给竞技体育人才造成终生伤害。合理的竞技体育人才资源的流动可以避免这种对竞技体育人才资源利用的盲目性,逐步培育各级人才市场,完善各级竞技体育人才的竞赛、训练、选拔制度,逐步规范和繁荣竞技体育人才市场体系,使得竞技体育人才科学、合理的流动。

4. 增进竞技体育人才资源的相互交流与取长补短,加速我国文化全面交融

当前跨国界、跨地区的竞技体育人才资源的流动已经是十分普遍的现象,实践有力地证明了竞技体育人才的流动可以迅速优化本国、本地区的竞技体育人才结构,增进了人才之间的相互交流与取长补短,促进了运动技术水平的迅速提高,这也已成为许多世界体育强国的成功经验。党的十七大提出在新时期要构建社会主义和谐社会,建设全社会的和谐文化。这既是全体人民的迫切期盼,也是中国改革开放、经济发展、社会进步到一定历史阶段面临的紧迫任务。通过竞技体育人才的流动,建立起一套稳定的人才流动制度体系和竞赛表演体系,可以充分地发挥竞技体育人才的明星效应和社会功能,起到为我国文化的交融牵线搭桥、互通有无、消除隔阂、满足不同人群的需求,使体育作为一种特殊的文化在人民群众中植根发展,促进社会的发展,加速了我国文化的全面交融。

(三)竞技体育人力资源流动的类型

人力资源的流动有广义和狭义之分。狭义的人力资源流动，是指改变人才隶属关系的流动；广义的人力资源流动是除了改变人力资源隶属关系的流动，还包括各种不改变隶属关系的智力交流活动。在我国，竞技体育人力资源工作尽管主要是自发、局部进行，且存在较多矛盾和问题，但也形成了一些令人们普遍接受的人力资源流动类型。

1.自愿免费交流

主要是专业或业余运动员(后备人才)在一定时期所进行的单项流动，这类人才一般在原单位的作用不大，属于较富裕人才或被认为发展前途不太好的。所以单位一般采取开放式流动。

2.协作交流人才

一般多为地区、省、市之间的竞技人才协作性交流，即通过一定形式相互达成交流协议。这种交流，经常是以智力、技术、报酬为条件进行，尤其是智力、技术援助性交流。

3.人才的互换交流

不同的省、市优秀运动队，人才分布情况不一样。通过人才交流，双方换回自己需要的人才，达到互惠互利的目的。

4.有偿服务性交流

由于竞技人才成长过程中国家或单位均花费了一定的财力和代价，因此在人才流出时，收取必要的培训费也是合情合理的，这实质是一种有偿服务性的人才交流。这样做，一方面避免了培养单位由于人才、薪资方面的损失而产生的心理不平衡。减少对人才流出实施的"逼、卡、压"现象;另一方面也有利于调动基层工作者的积极性。例如,在优秀运动队和业余训练单位调动所需的人才或由训练水平较高的单位委托培养专业或业余后备人才时所交纳的补偿费、委培费等。

5.优劣人才搭配交流

人才的培养必有优劣的结果。作为基层训练单位,在为优秀运动队输送后备人才时,希望将培养的人才尽量多地输出。尤其是已建立的人才基地,将后备人才的输送率作为训练、管理效益的重要标志,同时也有利于扩大后备人才培养单位的招生声誉,取得较大的社会经济效益。为此,一些地方采用优劣搭配的办法进行人才输送。这样搭配的办法往往比收费更易于被用人单位接受。

6.自主择业

主要指产权属于个人的体育人力资源,通过体育人才市场进行的择业。

(四)人才流动的形式与途径

人才的流动有诸多的形式与渠道。目前被普遍接受和公认的流动形式主要有租借、互换、一次性买断(也指俱乐部的转会)、正常的人事调动、共同培养、协议交流、签约代培和自主择业八种形式。另外还可按照其他类别分,如按照人才流动人数分为单兵、集体流动;按人才流动方向可分为平行流动、交叉流动、横向流动、纵向流动、顺向流动、逆向流动;按人才流动性质又可分为强迫流动、自由流动、在编流动、动编流动、专业向业余、业余向专业流动;按流动跨度分省内省际间、国内国际间流动;按流动效果分合理、不合理流动,等等。但无论哪种形式的流动,都可根据流动后所产生的结果分为合理性流动和不合理性流动。从目前我国竞技人才流动情况看,已形成一定的流动体系,即纵向与横向、顺向与逆向,也有从高到低,还有从专业到业余、从业余到专业,但最高层次的国家专业队的人才顺流现象不多,是人才智力交流中亟待解决的问题,它对于提高下属各层次的运动人才水平有着十分重要的意义。

(五) 竞技体育人力资源流动的特点

1. 由单向流动到多向流动转变

竞技体育人力资源在初期其流动方向是单向性的,即由西部内陆地区流向中东部沿海地区、由农村流向城市、由非优势项目转向社会影响力高的优势项目、由经济欠发达地区流向经济发达地区。随着市场经济的繁荣、人才资源的丰富、人事制度改革以及体育改革步伐加快,在存在单向性流动的同时也出现了反向、多向流动趋势,这对竞技体育来说是一个良好现象。如国家或政府指派优秀运动员和运动队的下沉交流、不同地区教练员之间为期几个月的交流学习,优秀运动员的海外游学机会,都是竞技体育人力资源的多向流动。天津女子网球水平在之前一直是全国一流的,其人才较为充裕,在国家人才交流政策的鼓励下,天津女子网球队员中的富余人员部分开始流向该项目弱势地区进行交流指导。

2. 流动人数比例大,流速快,流动范围增大

随着市场经济的引入,人力资源的就业观念的转变和流动的制度性保障的不断完善,竞技体育人力资源流动速度明显加快,特别是《运动员代表全国比赛注册制度》《运动员交流的规定的出台》及《全国运动员注册与交流管理办法试行》等文件的出台,以及中国竞技体育职业化人才转会制度的完善和体育人才市场化进程的加快,体育人力资源的流动越来越多,其速度也越来越快。另外,由于竞技体育的功利性和实效性的特点,考虑到竞技体育的高投入和一定的寿命比例,培养单位不愿意背上没有长远发展前途的体育人力资源的包袱,在这种情况下,竞技体育人才资

源流动势必加快。另外,随着用人制度的改革,运动员下岗和再就业问题也不再难以解决,这也从侧面显示出竞技体育人力资源的流动加快。

3. 流动过程体现出计划和市场的双重调节

竞技体育人力资源的流动,除了按个人意愿和国家人才流动鼓励政策所致的流动外,还要受到市场经济运行规律的调节,体现出市场和计划的相互作用。一些流出人才和引进人才,首先要通过人才所在单位同意,此外,体育人力资源个体还受一些制度性因素的影响,如户籍档案等,如果没有人才管理单位的同意,这些人才有相当一部分不能流动。但有了流出和引进人才的计划后,整个人才的流出和引进,又要靠市场来完成交易,通过市场机制进入合理的流动路线和满意归宿。由于市场和计划双重调节的作用,人才得到了既能满足个人和市场发展需要,还能实现国家对整个竞技体育资源配置的调控,使人才资源在一定范围内真正实现合理有效的流动。

4. 流动的周期逐渐缩短

由于竞技体育具有"功利性"和"时效性"的特点。有发展前景的人才流出时,培养单位肯定不会轻易放掉,而对于没有长远发展潜力的人才,接收单位也不愿背上沉重的包袱,双重因素决定了竞技体育人才流动势必加快。另外,随着"能上能下,能进能出"的聘任制的普及,使竞技体育人才流动的周期逐渐缩短,速度也越来越快。

(六)竞技体育人才市场的完善与人才市场体系的 建设

如今经济全球化的趋势更清晰地展现在我们面前,它使资源和产品趋向于最终完全面临世界的大市场,最终完全处于世界经济的激烈竞争中。要发展经济、增加生产,就要投入各种数量更多、质量更高的资源,而人力资源是经济资源中的核心资源,是经济发展和经济竞争成败的决定因素。要发挥竞技体育人力资源的基础性作用,人才市场的建设是关键。中国竞技体育人才市场作为专业人才市场的组成部分,已经从无到有地发展起来,并正在不断地完善。但目前中国竞技体育人才市场从严格意义上只能称为"准人才市场"。竞技体育人才市场的本体没有到位,竞技体育人才市场没有充分体现市场的运行机制,也就是说人才市场的价格机制、竞争机制和供求机制还没有真正形成。这样,导致体育人才的非正常交易大量存在,后备人才培养基地的积极性也在一定程度上受到挫伤,等等。而且市场的普及率还不高,"有市无场"的矛盾已比较突出;市场的运行还不规范,缺乏有效的监督,择业的平等机会还不能得到保障。这些问题说明,竞技体育人才市场仍处于起步阶段,还不适应市场经济发展的需要。政府要树立竞技体育人才市场建设是重要的基础性建设的观点,政府应给予足够的重视,加快竞技体育人才市场市场化建设步伐。另外,完善竞技体育人才市场,市场环境建设尤为重要。逐步树立起重视人才、尊重人才、用好人才的观念,只有这样,才能真正做好竞技体育人才的流动工作,达到人才资源的合理配置。

1. 明晰我国竞技体育人才资本的产权归属问题

产权是经济所有制关系的法律表现形式,是象征着资源、资本被合法占有和使用的权利。产权具有资源配置功能,产权的安排或结构将会直接形成资源配置状况或驱动资源配置状态,改变或影响对资源配置的调节。竞技体育资源配置主体在保证其所拥有的有形资产与无形资产的所有权下,当其作出一项行动决策时,会充分考虑未来的收益和成本倾向,并选择他认为能使他的权利价值最大化的方式,由此作出使用资源的安排。因此,资产的产权可视作一种间接激励手段。竞技体育人才资本的产权问题关系着人才的产权所有权、收益权、处置权、经营权和使用权,影响着如何界定和实施产权主体的各项权益,意味着如何获利和谁来获利,产权问题不明确,最直接的后果就是造成利益冲突,亦可导致交易成本虚高。以运动员为例,优秀的运动员人力资本作为该领域的杰出代表,具有高度稀缺和不可替代性。正是由于当前我国运动员人力资本产权界定与归属的不明确以及产权制度建设的滞后,才引发了各类投资主体间对于产品产权的争夺和经济利益的占有,进而产生了诸多争议和矛盾问题,影响了竞技体育人才市场的有序经营,制约了我国竞技体育事业的可持续发展。因此,要完善和发展我国运动员人力资源产权制度体系的构建,建立和完善竞技体育人力资本产权交易市场机制,消解多元主体化发展所导致的矛盾突显与利益分歧。

2. 建立竞技体育人才供求信息中心

建立人才供求信息定期发布制度,是建立和完善人才市场体系的一个重要举措。要大力发展竞技体育人才市场信息,信息中心要从制度上保证竞技体育人才和用人单位按实情登记,并配备专职的、懂业务的工作人员,以确保人才供求信息的准确性和权威性。逐步建立起一个覆盖面广且完善、及时、准确的信息服务网络系统,加快建立固定的人才供求信息收集网络,不断增强人才供求信息对人才流动和人才资源开发的指导作用,这是实现人才资源有效配置的重要环节和保证。随着科技迅猛的发展,信息、网络一体化发展迅速。在各运动项目管理中心以及各省(市)都已陆续建立了网站。全国各种赛事几乎都实行了运动员注册制,这些都给网上竞技体育人才市场的建立提供了便利条件。因此,下一步应建立网上人才数据库,要利用现代科技创新人才市场形势,开发建设网上人才市场,利用快速便捷的信息条件及时获取人才供求信息,使人才流动高效化。尽快从政策、法规、机制方面完善网上人才市场的相关条件,开发网上竞技体育人才市场。

3. 建立和健全职业介绍机构

职业介绍机构可以在竞技体育人才供求信息中心的基础上建立,也可以由政府部门、社会团体甚至私人单独建立。逐步完善立法体系,辅之以各职能部门的相互配合,努力建成完备的人力资源配置的市场体系。严格执行职业介绍管理法规和政策,严格劳动力交流招聘会的审批和现场监管,完善职业介绍从业人员培训考核制度,做好职介机构的日常管理和年审工作。大力发展公益性职业机构,鼓励公共职介与非公益性职介的合作。加快完善公共就业服务功能,构建起全方位的以公益性为主的公共就业服务网络,发挥应有的引导和示范作用,多方面高效率满足体育人才的职业需求。

4. 建立健全竞技体育人才市场法律法规体系

当前我国竞技体育人才市场流动的程度还不太高,人才流动还存在许多不规范行为,如人才价格定位比较混乱、个别用人单位及个人不恪守合同、违约、毁约现象时有发生、用人合同中"霸王条款"现象比比皆是,这些都需要通过法制化来解决。制定竞技体育人才市场立法中长期规划,规范人才市场运行的政策法规制度等,监督其执行情况并处罚各种违规行为。界定体育人才市场的交易主体与市场管理的主体,规范市场主体的准入、变更和退出等制度,规范监督竞技体育人才市场高效有序运行。加强对人才的市场管理,增强运动队和各体育人才的法治观念,规范人才市场行为,维护他们的正当权益,逐步建立起公平、公正、公开的竞技体育人才市场竞争机制。健全竞技体育人才流动的管理机制,制定公平透明的竞技体育人才市场准入制度和交易规则,制定与完善竞技体育人才纠纷仲裁法律法规,推行竞技体育人才经纪人制度。从全局来看,政府要加快对竞技体育人才市场的规划、立法、管理等宏观调控,推动竞技体育人才市场的建立和完善。

5. 建立健全竞技体育社会保障体系

人力资源与一般的物质生产资源有根本的区别,人力资源具有明显的社会公益性的特点;人力资源需要具有比较完善的社会保障体系为依托,若要发挥市场在人力资源配置方面的基础性作用,需要政府提供更多的制度保障条件。而竞技体育人力资源与一般人力资源相比，其有职业寿命有明显的时限性、人力资本投资的风险和机会成本大、强烈的求胜欲望等特点。因此，建立健全竞技体育社会保障体系是竞技体育人才市场化配置的前提条件。要建立健全优秀运动员保障制度体系，筹建"体育保障基金"，以"运动员伤残保险""运动员失业保险"为重点，结合养老保险、失业保险等社会保障制度，防范在役运动员的职业风险。

加强在役运动员的文化教育，实施退役运动员再就业过程，对退役运动员进行职业技能培训与指导，逐步通过转业培训、生产自救、职业介绍等手段，为竞技体育人才重新就业创造一系列的制度条件，并通过人才市场来解决安置退役运动员的问题，拓宽退役运动员的再就业渠道。只有建立健全竞技体育人才的社会保障体系，为他们的分流和流动解决后顾之忧，竞技体育人才对"单位"的依赖性才能消除，他们才能在全社会的范围内自由流动，市场才能成为人才流动的基础力量。社会保障体系包括社会保险、就业安置、伤残保险、社会福利和优抚等。

五、竞技体育的人力资源调控

（一）竞技体育人力资源调控的含义

所谓竞技体育人力资源调控是指为发挥竞技体育人力资源的最大效益，最终以促进竞技体育的可持续发展为目标，综合运用经济、政策、法律、行政等手段，对竞技体育人力资源系统进行调节和控制的过程。这个过程体现在对竞技体育人力资源的培育、开发、配置和利用等基本环节上。竞技体育人力资源调控属于体育宏观调控重要方面，其调控机制在于将"看得见的手"与"看不见的手"相结合，在竞技体育人力资源系统运行中发挥作用，同时还要建立人力资源体系和制度等引导其发展。

(二)竞技体育人力资源调控的目标与任务

竞技体育人力资源调控的目标既包括整个竞技体育人力资源系统追求的总目标,也包括着为实现总目标而在不同阶段、不同时期制定的战略目标,同时,还包括不同类型竞技人力资源的目标。由于不同时期竞技体育发展所遇到的具体问题各不相同,因而调控目标各有差异。但说到底,各个时期的调控都是为竞技体育人力资源系统的总目标而服务的。调控竞技体育人力资源以促进中国竞技体育的可持续发展为目标,为此,必须首先对竞技体育人力资源调控的目标任务予以明确。具体而言,竞技体育人力资源调控目标是根据我国竞技体育可持续发展的要求,通过对竞技体育人力资源进行有计划的规划,发挥人力资源对竞技体育的最大作用和价值。中国竞技体育人力资源调控的任务包括以下几方面。

第一,保持人力资源供给与竞技体育可持续发展需要之间的平衡。竞技体育人力资源的培育和发展是竞技体育得以持续发展的保障,特别是优秀的人力资源对竞技体育发展促进作用更为关键,而其稀缺性是不言而喻的。另一方面,我国很多项目中所培养的运动员大量集中,并不是每一个都能有机会取得优异的成绩,这在一定程度上导致了体育资源的浪费,缓解人力资源供需问题就需要国家宏观调控,及时调整或协调需求总量,保持后备人才总供给与总需求量的动态平衡,以最大限度地满足后备人才资源的供给,拉动后备人才市场的发展。

第二,促进人力资源在竞技体育生涯的良性发展。多数竞技体育人才的生涯过程是在竞技体育系统度过的,从发展时序来看,大部分运动员都经过了培育、开发、配置及利用等过程。而现实中高淘汰率、文化学习的荒废、就业的艰难等问题一直存在,并且往往由于某一个环节的失误给相关人员造成终生伤害,如我国每年都有大量优秀运动员苗子由于过早接触强度过高的专业训练造成身体损伤,而失去继续发展的机会。原因是多方面的,其中一个重要原因即在于各级训练网之间的关联断裂,每一个环节都在做着"竭泽而渔"的事情。我们在培养竞技体育人才时,要始终将"以人为本"的理念贯穿始终,促进人的可持续发展。竞技体育人力资源调控的重要任务,是确保各种人才能充分发挥自身在竞技体育生涯过程的最大潜能而不致造成资源的浪费甚至被损害。

第三,实现竞技体育人力资源合理配置,发挥其最大价值。

第四,促进竞技体育人力资源与社会的协调发展。

(三)竞技体育人力资源调控原则

1. 优势互补原则

不同区域的竞技体育人力资源禀赋有所不同,且竞技体育人力资源禀赋存有相对优势及劣势,有些地区可能竞技体育人才集聚,有些地区可能缺少经费和项目,这样的互补将会很好地促进资源平衡。要实现不同区域的体育人才交流、资源共享、发挥潜力,促进区域竞技体育联动发展,促进我国竞技体育的可持续发展。

2. 优化配置原则

人力资源的调控,不仅要重视人员的资源配置,还要在群体结构上全面调控。竞技体育人力资源的结构包括智力、年龄、经验、学历等方面,为发挥人力资源整体功能的最大化,需要对人力资源的结构优化配置,不仅要重视人才专业技能的提升,还要重视提升其知识文化、道德素养等方面资源的配置,促进人的全面发展。而群体资源的调控体现在不同项目、地区、层次、种类的竞技体育人才的全面开发。要充分利用、统筹规划国内、国外两个市场、两种资源。

3. "以人为本"原则

要从"以人为本"的理念出发,尊重人的价值和尊严,尊重人力资源的实际需求,善于运用激励机制,激发人力资源的内部动力。大力创造条件,积极引导,充分满足人力资源的各种合理需求。要以培养人、教育人为根本,促进人的全面发展,使竞技体育人力资源充分认识到自身的价值,为竞技体育的可持续发展服务。

4.系统整合原则

竞技体育人力资源是一个复杂的系统,在调控过程中必然涉及人力资源的培育、开发、配置、利用、人身保险以及人力资源的再就业、社会保障等方面,任何一个环节的忽略,都会影响人力资源整体效益的发挥。另外,还要在人力资源调控方法上进行系统整合,综合运用行政、计划、宣传、法律、经济等多种方法对人力资源进行调控。

(四)竞技体育人力资源调控的内容与重点

从竞技体育人力资源调控的对象及内容来划分,竞技体育人力资源调控可分为横调控与纵调控。竞技体育人力资源的横调控,即对竞技体育人力资源不同类型如运动员、教练员、管理人员等的调控。当前,中国竞技体育人力资源横调控的重点是加强"四类人群"的工作:优秀教练员队伍建设、运动员队伍建设、优秀科技人才队伍建设、竞技体育产业经营管理人才队伍建设;竞技体育人力资源的纵调控,即对不同类型竞技体育人力资源在培育、开发、配置、利用等环节的调控,由于运动员资源的特殊性,运动员职业人身保险、退役再就业等方面也属于纵调控的内容。不同类型竞技体育人力资源存有一定差异,但在不同类型竞技体育人力资源纵调控的过程上,基本都包含资源培育、开发、配置及利用等环节。事实上,竞技体育人力资源横调控过程中包含着纵调控,竞技体育人力资源纵调控中也包含着横调控。只有把握住竞技体育人力资源的纵、横调控,使竞技体育人力资源调控环环相扣,才能最终实现竞技体育人力资源调控目标与任务,从而为竞技体育可持续发展提供巨大的支撑动力。

（五）竞技体育人力资源调控对策及建议

1. 建立健全人力资源调控体系

建立由决策系统、协调系统、操作系统、监督系统、反馈系统等组成的竞技体育人力资源调控制度体系。政府主管部门要不断加强宏观调控、政策引导、行政监督、组织协调的水平，转变政府职能，强化其服务协调监督指导的能力。要在人力资源的培育、开发、配置、利用等方面进行重点投入。体育部门还要同教育、财政、劳动、人事等部门密切配合制订切实可行的方案，针对我国竞技体育人力资源发展中一些确实存在的问题，着手制定一些关键性的制度及法规。

2. 营造人力资源发展的适宜条件

要建立体育人才数据库，统筹兼顾，科学安排，并逐步解决体育人才的进修、升学、晋职、留学、住房、就业等问题，为人才的发展创造良好的环境。合理使用人才，做到"人尽其才、才尽其用"，不积压、不浪费、不屈才、不抑才。还要敢用人、会用人，改变传统观念，实事求是，尊重客观规律。

3. 促进人才资源的合理流动，完善人力资源市场

政府部门要切实搞好体育人才流动的宏观控制和微观调节，建立合理的人才流动机制，健全体育人才交流工作的管理机制，严格执行各项有关规定，引进市场机制，建立体育人才市场，建立全国统一的人才市场体系，加强人才市场中介机构、社会保障体系的建设。在完善运动员进入培养退出机制和国家给予一定的经济补偿条件下，鼓励退役运动员自谋职业，逐步通过人才市场来解决和安置退役运动员。

4.建立竞技体育人力资源保险机制

重点建立运动员社会保险基金的筹集、管理及投资运营机制,加强保险供给方的责任监督机制,强化对优秀运动员社会保险制度的运作监管,尽快拟定、建立竞技体育保险法律体系,注重竞技体育保险中介业的发展。借鉴国外运动员保险的先进经验,结合国情,拟定和建立竞技体育保险法律法规。各地方体育政府机构根据自身实际状况,采取由体育总局下放到各级体育政府机构分级风险责任制,逐级分保。

5.充分调动人力资源的内在动力

建立和谐的体育环境,积极弘扬顽强拼搏、为国争光的中华体育精神。要重点加强运动员队伍的政治思想工作,要对运动员加强爱国主义、集体主义和社会主义教育,树立"祖国培养意识"和"普通公民意识",培养其高尚、健全的人格。加强对体育干部、教师、教练员、科技人员和优秀运动员的人文素质主要是思想道德品质的教育。对严重违背体育精神,破坏体育秩序,败坏社会风气,违反体育组织行业规范,违反党纪政纪的,都要由有关部门严肃处理。只有改革训练理念,营造良好的竞技体育氛围,才能发挥人力资源的最大效益。

6.进一步扩大运动项目的社会影响

通过广泛的宣传和政策调动,利用电视、广播、报刊等媒体宣传竞技体育,使更多的人了解、喜爱、参与、支持和赞助中国竞技体育。充分发挥协会的社会性功能,将各级训练单位和训练点紧密吸引和团结在协会的周围。开放竞赛市场,通过招标、申办、拍卖等形式,多渠道筹措资金,鼓励社会各界积极承办各类赛事,集社会和企事业的资金发展竞技体育。

第四章

竞争格局分析：
以 2008 年奥运会省市竞争格局预测为例

一、天津市参加历届奥运会省市竞争格局演变回顾

（一）国际竞技体育格局的演变

1. 世界竞技体育格局的"雅典重组"

进入 21 世纪，现代奥运会作为全世界的体育文化盛会，因其规模之大、受关注之众和影响之广，对举办城市的政治、经济、文化等多方面都产生着重要的影响。四年一度的奥运会，是世界最高水平的竞技大赛，集中地展示着世界的竞技体育发展态势。综观 20 世纪现代奥林匹克运动的百年历程，基本上都是由美国、苏联（俄国）、德国、英国、法国等欧美发达国家占据主导地位的。第二次世界大战后，以苏联为首的社会主义国家阵营进入奥林匹克世界，打破了长期由西欧、北美国家垄断奥运赛场的传统局面，向欧美传统的奥运优势提出了有力的挑战，奥林匹克运动的历史进入了新的时代。2000 年的悉尼奥运会上，中国和东道主国家澳大利亚首次跻身第三、第四位，发出了向欧美竞技体育强国挑战的信号；而在四年后的雅典奥运会上，中国又领衔引发了一场剧烈的震荡，使得国际竞技体育的格局发生了明显的改变。我们称其为"雅典重组"。世界竞技体育格局的"雅典重组"主要表现在三个方面。第一，中国明确地进入第一集团；第二，"西太平洋组合"崛起，同时向"北大西洋组合"的世纪垄断提

出挑战;第三,竞技体育的优势正在缓慢但稳定地向着均衡化趋势推进。

2. 中国明确地进入第一集团

(1)中国在第二集团的多年徘徊

自 1984 年中国运动员回到奥运会赛场上,首次参赛便以 15 块金牌的惊人战绩名列金牌榜第四。经历了 1988 年汉城(现称首尔)奥运会低谷成绩的洗礼,1992 年在巴塞罗那、1996 年在亚特兰大,两次均以 16 块金牌占据金牌榜第四名的位置,位列在由美国、俄国和德国三强组成的第一集团之后(见表 4-1)。由于中国所获得的金奖牌数距离第一集团美俄德三国的金奖牌数都有着明显的差距,因此,人们普遍认为,中国的竞技实力应该归属于第二集团。也就是说,在 1984 年至 1996 年中,中国在国际竞技体育舞台上已经在第二集团中徘徊了十余年。

表 4-1　中国在第 23—26 届奥运会金牌榜中的占位情况

年度	届次	举办地	中国奖牌数			金牌榜列位	前三名金牌数
			金	银	铜		
1984	23 届	美国　洛杉矶	15	8	9	4	美 83 罗 20 德 17
1988	24 届	韩国　首尔	5	11	12	11	苏 55 德 37 美 36
1992	25 届	西班牙　巴塞罗那	16	22	16	4	独 45 美 37 德 33
1996	26 届	美国　亚特兰大	16	22	12	4	美 44 俄 26 德 20

(2)中国在悉尼奥运会上的强力冲击

在 2000 年悉尼奥运会上,中国首次名列前三甲,以 28 块金牌位居金牌榜第三名(见表 4-2),金牌数明显多于名列第四、五位的澳大利亚和德国;但中国运动员所获得的奖牌数却与澳大利亚和德国的奖牌数非常接近。如何给予中国奥运军团的战绩恰当地定位,引起了人们强烈的讨论。

表 4-2　第 27 届奥运会(悉尼)金牌榜前五名的获奖情况

国别	金牌数	奖牌数
美国	39	97
俄国	32	88
中国	28	59
澳大利亚	16	58
德国	14	57

"研究表明,反映国家竞技体育实力的不同评价指标含有不同的定向信息:金牌数集中地反映着参赛国家(地区)顶级选手的数量;前三名及前八名的获奖次数反映着参赛国家(地区)的总体竞技能力;其中,前三名奖次及总分更集中地反映着冲击金牌的竞技实力"(田麦久,2001)。在悉尼奥运会上,中国的 59 块奖牌比俄罗斯差 29 块;而比第四位澳大利亚的 58 块和第五位德国的 57 块,只有 1~2 块的微弱优势。所以从奖牌的角度看,中国仍然属于第二集团。综合以上分析,我们觉得,只依金牌数,或者只依奖牌数去判定中国竞技运动水平的集团归属的评价标准是不够完善的。为此,笔者提出了同时包容上述两种判断的兼顾性的二维定位,称作"二首一尾"。其含义为,依靠金牌榜排序,中国位于第一集团之末;而依竞技实力分组,则位于第二集团之首。重要的是,无论人们如何表述,在悉尼已经发出了一个明确的信号:中国的竞技选手已经在向第一集团发起了有力的冲击。

(3)中国奥运军团第一集团成员地位的确立

雅典奥运会的比赛结果显示,中国明确地进入了第一集团,这是一个全新的态势。

从雅典奥运会前十名金牌榜上可以看到(见表 4-3),分获 35、32 和 27 块金牌的美、中、俄三国理所当然地居于第一集团,获得 17—9 块金牌的澳大利亚、日本、德国、法国、意大利、韩国、英国等国,组成了第二集团。

表 4-3 第 28 届奥运会(雅典)金牌榜前十名的获奖情况

排序	国家地区	金牌数	奖牌数	得分
1	美国	35	103	762
2	中国	32	63	491
3	俄国	27	92	660
4	澳大利亚	17	49	271
5	日本	16	37	279
6	德国	14	46	346
7	法国	11	33	240
8	意大利	10	32	233
9	韩国	9	30	219
10	英国	9	30	216

在雅典奥运会上,中国不仅仅金牌数明显地高于任何一个第二集团国家,奖牌数也是如此,前三名的得分我们以 491 分比第四名以后得分最高的德国 346 分高出了约 30%。所以说,无论从顶级选手的数量,还是从高水平运动员的总体实力来看,雅典奥运会的竞技结果都表明,在国际竞技体育格局中,中国已经是第一集团当之无愧的重要成员了。

3. 西太平洋组合崛起,并向北大西洋组合的世纪垄断提出挑战

海洋地域学的新视角。面对同一个事物,人们从不同的视角去观察,会得到不同的结果。在解析国际竞技体育格局的结构时,人们通常习惯于从陆地洲际去观察、去研究。现在,假如我们从一个全新的视角,即海洋地域学的视角来审视一下世界竞技体育格局及其演化,将会有以下发现。

20 世纪的竞技体育主要强国是美、苏(俄)、德、英、法。从 1896 年第 1 届现代奥林匹克运动会到 1996 第 26 届奥运会,整整一百年间举办的 23 届奥运会中,进入金牌榜前三名的国家共有 15 个,从地域上看,美国

地处北美洲,苏联(俄罗斯)、德国、英国、意大利、法国同属欧洲,它们之间没有任何的关联,但从海洋地域学特征来看,这些国家中的 12 个位于北大西洋的东西两岸,因此称为"北大西洋组合"。在总计 69 个前三名中,有 64 个由美国和欧洲国家获得,占 93%。可以说"北大西洋组合"在国际竞技体育领域的优势地位,已经垄断了整整一个世纪。在对 15—25届夏季奥运会金牌统计情况来看,美、苏(俄)、德、英、法、意六国在每届取得的金牌总数都在 50% 以上(除第 24 届之外),甚至有两届(21、22届)高达 70% 以上,汉城奥运会低于半数,其总数也达到 49.4%,这种强大的竞技体育实力一方面是这些国家在强大综合国力的体现,另一方面也是由于其他国家的竞技体育还没有得到长足的发展。

如前所述,在世纪之交的悉尼奥运会上,中国和奥运会举办国澳大利亚率先向欧洲和北美国家在竞技体育领域的垄断优势提出了挑战,但从地域学角度来看,还没有构成集团性的态势。

中国、日本、韩国、澳大利亚虽都隔海相望,但世界第一大洋太平洋把它们联系在一起,因为它们都处在太平洋的西部,所以把这些国家叫作"西太平洋组合"。"西太平洋组合"的崛起在世界范围内形成了一个可以跟传统竞技体育强国对阵的团体,对世界竞技体育的发展起到了积极的作用。历史性的突破出现于雅典奥运会上。在进入金牌榜前十名的国家中,"北大西洋组合"的美俄德法意英六国共计获得 106 块金牌,"西太平洋组合"的中澳日韩四国 84 块,两数之比为 1∶0.79,尽管还有一定的差距,但已接近抗衡之势。从而明确地提示人们,在竞技体育的国际舞台上,"西太平洋组合"正在逐步地形成,正在稳步地崛起,并且对 20 世纪"北大西洋组合"在国际竞技体育的世纪垄断提出了集团性的挑战。这是在奥运会历史上前所未有的新的态势。在三十年以前,人们很难想象和预期会有这样的结果。因此,尽管它仅仅是一个开始,却是一个具有历史意义的新发展。"西太平洋组合"能否继续有效地发育成长,这两个海洋地域性的组合在竞技体育领域中的"对抗"是否能够渐次升温,这一对矛盾的主导方面能否在相应的条件下逐步转化,值得我们予以密切地关注。

　　竞技体育的发展与社会的政治、经济的变化有着密切的联系。如同"北大西洋组合"20 世纪在国际竞技体育的垄断有着它的经济、社会发展的背景一样，"西太平洋组合"的崛起与挑战的背后，也同样蕴含着丰厚的经济背景和社会背景，这是值得我们深入研究的新课题。

4. 竞技优势均衡化的稳定推进

　　雅典奥运会的比赛结果还表明，多年来少数几个国家独霸竞技体育舞台，轻松地拿走绝大多数金牌、奖牌的状况正在逐步地改变，竞技优势集中于少数国家的情况正在向均衡化的态势稳定地演化。主要表现在获金牌国家(地区)增多，以弱胜强战例屡屡出现，精英教练和选手的地域性扩散，以及科学理论的研究和普及等几个方面。

　　(1)获金牌国家(地区)略有增多

　　奥运会金牌的地域分布状况是反映国家(地区)竞技实力关系的重要指标。1992 年第 25 届奥运会上有 36 个国家(地区)获得了金牌，2004年则增加到了 57 个。四届奥运会之间的增长率达到 67%(表 4-4)。

表 4-4　第 25—28 届奥运会获金牌的国家(地区)数

奥运会年	1992	1996	2000	2004
获金牌国家地区	36	53	51	57
获奖牌国家地区	67	78	80	75

　　获得金牌的国家(地区)数量增加，也必然会导致大量金牌集中于少数国家(地区)的现象发生改变。统计结果表明，1988 年以来历届奥运会前三名金牌总数呈下降的趋势。

　　(2)以"弱"胜"强"事件的屡屡出现

　　在雅典奥运会上，以"弱"胜"强"的典型事例屡屡出现。如中国的李婷与孙甜甜夺得网球女双比赛的冠军，美国男子篮球梦六队输给地中海

小国波多黎各。那些赛前不被人们重视的"弱旅",出人意料地战胜实力
"强大"的著名对手,既展示了竞技运动比赛结果不确定性的巨大魅力,
亦从一个侧面诠释着竞技优势均衡化的稳定推进。

(3)精英教练与选手的地域性扩散

奥运会选手都是代表自己的国家或地区参加比赛的。但是,人们越
来越多地看到不同肤色、不同民族的运动选手代表着同一个国家或地区
来到奥运会赛场。高水平教练与优秀选手从一个国家或地区移民到另一
个国家或地区,并代表新的国家或地区参赛的现象越来越多,构成了世界
性的精英教练与选手的地域性扩散。

在雅典奥运会上,美国男女体操冠军是苏联和罗马尼亚教练培养的;
奥运会男篮比赛中多国主力球员均在美国 NBA 提高自己的篮球技艺;获
得跳水 1 金 1 银 4 铜的澳大利亚跳水队是由王发成等中国教练多年执教
培养出来的;多名肯尼亚人代表卡塔尔、丹麦等国参加奥运会长跑比赛;
曾是印尼国家队主力的张海丽代表荷兰夺得了羽毛球女单比赛的银牌;
我国的乒乓球选手更是代表着各大洲的多个国家参加奥运会。"海外兵
团"早已是国际竞技体育赛场上的一种普遍现象了。在法制原则的规范
下,精英教练与优秀选手从高层人才超密集的地域外向转移,有利于竞技
体育人才资源的充分利用,有利于相关竞技运动项目在各地的更快发展,
是现代社会国际体育交往的必然趋势。同时,这一转移和扩散对于优势
项目的发展,也会产生巨大的推动作用,他们是现代体育观的生动展现,
也会有力地促进少数国家竞技优势的均衡演化。

世界竞技体育的快速发展使得其竞技格局始终处于动态演变之中,
现阶段北美和欧洲国家或地区对奥运会的垄断地位被打破,竞技实力区
域格局逐渐被改变,未来将朝着区域实力渐进均衡化方向发展。准确把
握竞技体育实力区域格局演变的趋势,是国家和地区制定竞技体育政策
和完善竞技体育制度的主要考虑因素之一。

(二)我国竞技体育在世界格局中的地位

20 世纪 80 年代,我国体育决策机构根据我国竞技体育发展状况和经济发展水平提出了"重点发展优势运动项目"的战略,并组织专家、学者对我国竞技体育项目进行了设置与布局研究,并于 1980 年、1984 年和 1989 年将重点项目分别确定为 13 个、16 个和 18 个;90 年代后进一步提出了"奥运战略",对竞技体育项目在全国各省市的重点布局作出了统一的规划。这一战略不仅使我国竞技体育的发展取得了举世瞩目的成绩,而且形成了以乒乓球、羽毛球、跳水、体操、射击、举重和柔道七大项目为核心的优势竞技体育项目。

我国奥运金牌数量逐年递增,并不断逼近第一体育强国的美国。中国竞技体育的成就令人惊喜,而且大有掀起新一轮的体育热潮之势。不过国人亦应以实事求是的态度,认清中国要成为真正体育强国,仍然有一段漫长的道路。根据内地一些学者的评估,中国仍未算成为真正的体育强国,与美俄等体育强国相比仍有一段距离。仔细研究发现,中国得到的金牌数目虽然多,但覆盖层面却比较狭窄,主要集中在优势项目上,其他潜优势项目和弱势项目进步空间还很大。除此之外,中国精英运动员的表现虽然突出,但平均实力却依然与美俄存在差距。

(三)国内竞技体育格局的演变

1. 我国全运会开展情况的阶段划分及特点分析

我国的全运会是从 1959 年第 1 届开始的,截至目前,已经举办十届,而其中又可分为两个发展阶段,第一阶段为 1—4 届全运会;第二阶段为第 5 届之后的全运会。

(1)第一阶段(1—4 届)为艰难、曲折发展的阶段

在这一阶段的二十年中,我国竞技体育经历了曲折的发展历程。在1959 年到 1965 年的第 1 届和第 2 届全运会上,我国竞技体育相应地出现了两个高潮,获得了较大面积的丰收。10 年内有 1000 多万人成为等级运动员,5000 多次打破全国纪录。在游泳、田径、举重等项目上 142 次打破和超过世界纪录,并获得了乒乓球、速度滑冰项目的 13 个世界冠军。这些都是在极其艰苦困难的条件下取得的。第 2 届全运会后,由于中国爆发了"文化大革命",给竞技体育带来了不良影响。直到 1975 年才举行了第 3 届全运会,这届运动会运动成绩除个别项目外,多数项目的运动水平停滞不前或下降。仅以田径为例,在男、女 35 个项目中竟有 23 项不如第 2 届全运会成绩。1976 年后,竞技体育工作逐渐走向正轨,运动水平又开始回升,并于 1979 年成功地举办了第 4 届全运会,竞技体育事业出现了可喜的局面。

在第一阶段的四届之中,就比赛成绩金牌数进入前三名的单位来看,共有四名,(如表 4-5)分别为解放军、上海、北京、广东,从表中看出前四届中,解放军代表队当时作为一个特殊的团体,在全运会赛场上占有举足轻重的地位。

表 4-5　第 1—4 届全运会金牌前三名单位

届数	第一名	第二名	第三名
第一届	解放军	上海	北京
第二届	解放军	上海	北京
第三届	广东	北京	上海
第四届	解放军	北京	广东

(2)五运会以后,全运会走向蓬勃发展的第二阶段

从第 5 届全运会开始重新认识探索我国全运会发展的状况具有重大意义。从 5 届全运会开始,全运会竞技项目全面与世界接轨,绝大多数竞

赛项目依照奥运项目设置。五运会是一个分界点,它标志着我国竞技体育运动已经屏弃了过去闭关自守的发展阶段,开始迈进一个全面走向世界体育舞台的新时代。五运会首次允许在北京以外的城市举行,在举办权上逐步纳入了竞办机制,从而也开始了我国最大的体育盛会——全运会发展的新时期。

从第5—9届全运会比赛成绩来看,可以说这一阶段获得了大面积的丰收。五运会上有2人打破2项世界纪录,4人5次平3项世界纪录,7人12次破9项亚洲纪录。六运会上有10人2队破15项世界纪录,3人3次平3项世界纪录,19人1队28次破17项亚洲纪录。七运会上有3人5次破3项世界纪录,4人4次破4项亚洲纪录,4人4次平3项世界纪录,12人2队18次破13项亚洲纪录。八运会上有16人19次破超7项奥运项目世界纪录。九运会上共有24人35次破7项世界纪录,6人1队7次创6项亚洲纪录,28人41次破9项亚洲纪录。这些优异成绩的获得极大地促进了我国体育运动的发展。

第二阶段的第5—9届全运会广东、上海、辽宁在中国竞技体育舞台上所占优势地位明显,无论三强历届奖牌总数百分比,还是金牌总数百分比,都占有重大比例。可为中国竞技体育"第一集团"。五届之间,广东、辽宁、上海轮流执掌全运霸主之位,尤其是广东,如果以第三届算起,距今已是四次问鼎霸主宝座,堪称中国体坛"王中王",上海队战绩亦是可圈可点,从没下过前三名(四届第五),更有后来的八运之战,力挫群雄,但九运会表现欠佳跻身于第三名。

表4-6 第5—9届全运会金牌前三名单位

届数	第一名	第二名	第三名
第五届	广东	上海	辽宁
第六届	广东	辽宁	上海
第七届	辽宁	广东	上海
第八届	上海	辽宁	山东
第九届	广东	辽宁	上海

十运会比赛成绩有了明显的变化，打破了从五运会以来广东、辽宁、上海稳居头甲的旧格局，被"多强对抗"的新局面取代。江苏在各个项目上几乎全面开花，以 56 金 38 银 42 铜的收获延续了自八运会以来东道主登奖牌榜头名的"规律"。九运会头甲中只有当时的"老大"广东仍然保住了前三名位置，他们以 46 金 42.5 银 36.5 铜位居次席。下届全运会东道主山东以 42 金 29 银 27 铜的战绩历史上第二次跻身三强。北京异军突起，以 32 金力压获得 31 金的老牌强省辽宁占据第四。浙江和上海分别以 29 金和 26 金列第六和第七位。和九运会相比，奖牌的分布更为均衡，各地的运动水平差距逐渐缩小。

天津体育代表团，共有 300 余名体育健儿，参加了十运会上 20 个大项的比赛，是历届参加全运会人数最多的一次。在市委、市政府的关心支持下，在全市人民的热情鼓励下，天津体育健儿在十运会上牢记全市人民的嘱托，发扬天津女排精神，众志成城，团结奋斗，顽强拼搏，勇夺 15.5 枚金牌、13.5 枚银牌和 11 枚铜牌，名列金牌榜第十位，实现了天津竞技体育的重大突破，取得了天津体育史上的最好成绩，使天津体育进入了快速、良性发展的历史性新阶段，为天津人民赢得了荣誉。

表 4-7 天津市参加的近五届全运会成绩

届数	第七届	第八届	第九届	第十届	第十一届
名次	20	19	17	10	8
金牌数	5	5.5	8	15.5	23
奖牌数	27	23.5	25	40	52.5

2.通过历届全运会透视天津市竞技体育项群实力

（1）天津市各竞技体育项群的划分

通过天津各个体育项目参加最近几届全国运动会比赛的成绩为背景，依据帕累托分析方法，将天津市参赛的运动项目分为优势项目群体、潜优势项目群体和弱势项目群体,以此得出天津市各个等级类型项目的群体内容,为天津市竞技体育备战 2008 年奥运会提供参考依据(表 8)。

通过表 8 的内容我们可以发现,在天津市的优势项目当中,击剑、游泳、武术和女子柔道在第 7 届至第 10 届全国运动会上均属于优势项目群体,是天津市的传统优势项目。另外,我们可以发现,天津市的网球项目经历了一个由低级类型向高级类型过渡的过程,这一过程以及其背后隐藏的转换机制值得其他项目借鉴;天津市体操项目在第 10 届全国运动会上出现等级类型的滑坡。但是从总体上,我们可以乐观地看到,天津市优势项目的数量和竞争实力正在逐届递增。

在潜优势项目中,拳击、摔跤和男子曲棍球、女子沙滩排球一直在列,田径的速度类项目一直在优势和潜优势之间徘徊,以上各个项目的发展应当引起足够的重视,因为这些项目如果进一步发展可以进入优势项目群体,但如果退一步则会跌入弱势项目行列。在弱势项目中,足球、篮球和男子排球都属于常驻项目,乒乓球在经历几届的努力和奋斗以后已经跻身于潜优势项目之列,甚至有向优势项目冲击的趋势。

表 4-8 天津市全国运动会各等级项目群体成员的动态变化情况表

等级	届次	项　目
优势项目	第七届	航模 、田径(速度类)、击剑、举重、游泳、武术、柔道(女)
	第八届	击剑、体操、柔道(女)、游泳、武术、田径(速度类)
	第九届	武术、击剑、柔道(女)、棒球、跆拳道(女)、体操
	第十届	排球(女)、网球、击剑、花样游泳、柔道(女)、武术、游泳、棒球、田径(快速力量类)
潜优势项目	第七届	田径(耐力类项目、快速力量类)、棒垒球、拳击、曲棍球(男)、乒乓球、摔跤
	第八届	自行车、男子手球、曲棍球(男)、沙排(女)、男子摔跤、田径(快速力量类)
	第九届	田径(速度类)、射击、跳水、网球、沙排(女)、拳击、摔跤(男)
	第十届	田径(速度类)、跳水、体操、垒球、拳击、举重

续表

等级	届次	项 目
弱势项目	第七届	网球、排球、篮球、网球、足球、跳水
	第八届	田径(耐力类项目)、乒乓球、网球、篮球、排球、足球、跳水
	第九届	田径(快速力量类、耐力类项目)、乒乓球、篮球、足球、排球(男)
	第十届	田径(耐力类项目)、篮球、排球(男)、足球

(2)天津市各个等级项目群体竞争实力变化的历史轨迹

由于各个等级项目群体的成员是变化的,我们在分析天津市综合竞争实力的时候无法进行准确参考。我们必须以发展的眼光看待各个项目的动态变化,综合各方面的因素,依此了解天津市各等级项目群体的竞争实力和天津市竞技体育的综合竞争实力。

在了解天津市各个等级项目群体成员组成的基础上,为了进一步阐明各等级项目群体的总体竞争实力的动态变化,用天津市在各个等级项目上的所获得的奖牌分数与该项目群体奖牌总分的比值,表示各项目群体的相对竞争力,并以此来了解其历史变化轨迹(如图 4-1)。

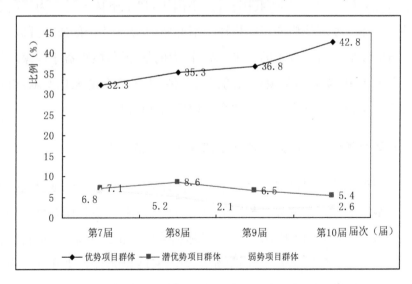

图 4-1　天津市各等级项目群体竞争实力变化的历史轨迹图

由图 4-1 中我们可以看到,随着时间的推移,天津市优势项目竞争实力逐渐增强,成为天津市竞技体育综合竞争实力的主要组成部分,也由此可以看出天津市重点发展优势项目的计划和政策是可行的。但是,天津市的潜优势项目和弱势项目的竞争实力出现下降的趋势。因此,天津市在发展优势项目的同时也应该加大力度发展潜优势项目和弱势项目,以保证天津市竞技体育综合竞争力。

二、奥运会省市竞争格局变化的原因分析

(一)中国在世界竞技体育格局位置变化的原因

我国竞技体育从 1984 年洛杉矶奥运会实现了金牌"零的突破",再到悉尼和雅典奥运会上实现历史性突破,中国体育代表团在奥运会上连续取得优异成绩,与多年来我国实行"举国体制"下坚持奥运会为最高层次的竞技体育发展战略的正确抉择密不可分;也源于中国的改革开放,中国经济的发展和科学技术的进步,综合国力的整体增强;得益于国家对体育事业的重视,党和国家领导人的亲切关怀,人民群众的无私奉献;得益于具有中国特色的社会主义的体育管理体制和机制。

1. 体育事业发展纳入国家计划,实行"奥运战略"

如果说实施全民健身战略在于夯实体育强国的根基与深度,那么,实施奥运战略则在于提高体育强国的力量与高度。我国竞技体育崛起得益于奥运战略。1979 年中国恢复了与国际奥委会的正式关系后,竞技体育的主要任务是"勇攀高峰,为国争光",为国家培养优秀运动员,在"优先发展战略"推动下,在国际比赛上取得优异成绩。中国奥委会与全国体育总会分立,相继成立了一批全国性单项体育协会和行业协会,使中国奥

委会的组织体系适应奥林匹克运动发展的需要，我国竞技体育活动基本都是围绕奥运争光计划而组织实施的。面对国际竞技体育的激烈竞争，我国竞技体育确立了奥运会争金夺银为重心的"优先发展"战略，将有限的资源投入到"小、精、尖"项目，提高竞技体育优先发展效率，实现"赶超"发展的目标导向。1984 年 8 月，全国体育发展战略会议正式提出实施"奥运战略"，"奥运争先、为国争光"战略任务。2001 年北京奥运会成功申办后，国家体育总局制定了《2001—2010 年奥运争光计划纲要》，更加注重竞技体育发展与北京奥运备战同行，优化了运动项目布局，促进了不同项目间的协调发展。2008 年北京奥运会后，国家体育总局颁布了《2011—2020 年奥运争光计划纲要》，强调国家各项体育事业协调发展，夏季项目与冬季项目、优势项目与弱势项目协调发展，提出了"以优化结构为重点，强调均衡发展、统筹兼顾、协调发展、全面提升"的战略目标。

以奥运会为最高层次的竞技体育战略的提出，围绕这一"奥运战略"，对运动竞赛制度实行了一系列重大改革，如启动了竞技体育管理体制、竞赛训练体制、人才培养体制等方面的改革。运动项目设置尽可能与奥运会对口，并按照奥运会的项目设置调整全运会项目设置，使全运会和奥运会的任务相一致。

2. 发挥社会主义制度的优越性，实行"举国体制"

"举国体制"是中国的特色。其形成与发展过程中，贯穿了一条管理理念：充分发挥社会主义制度的优越性，保证国家对体育的统一领导、对体育资源的优化整合。在党的十一届三中全会精神指引下，在举国体制的保障下，我国竞技体育积极探索体制机制改革，实现了竞技体育自身实力的稳步增长。在一定的历史时期里，体育工作适应社会主义计划经济体制的要求，通过集中人力、物力、财力，统一领导、调配、布置，来保证部分重点项目优势，取得突破，这些都起到了积极作用。

当然，目前在市场经济的新形势下，"举国体制"被赋予了新的内涵，即要形成政府、社会、个人共同办体育，财政和市场双重推动的机制。当前,随着经济体制的转轨,我国正处于剧烈的社会转型中,并逐渐进入强社会、弱政府的社会格局,普通民众主体意识在不断增强,而且在商品经济的冲击下,人们的经济理性在不断萌生,在这种情况下,我国的竞技体育在社会主义市场经济条件下如何保持原有"举国体制"的优势,继续推进我国竞技体育扎实发展是接下来的重要问题。这就需要各地区根据自己的地域和传统特点挖掘自身潜力选项,重点打造各省的优势品牌项目,发挥体育强省效应。

3. 对奥运项目实行合理布局,进行分类管理

各地区的竞技体育战略及其项目设置与布局应有前瞻意识,顺应历史的变革与发展,围绕体育市场化发展的趋势调整项目设置,并以各自区位经济、地理、人文条件,从项目的普及、带动程度和辐射能力的要求出发,培育特色项目。中国根据奥运会的设项,各体育强国优势项目的分布和本国的实际情况,在对奥运会项目进行全面调查分析的基础上,确定了由四个层面构成的项目布局结构,并按不同层面、不同项目进行分类管理,拓展了新的"金牌增长点",取得了良好的效果。

第一层面:巩固和加强传统优势项目。

第二层面:扩大潜优势项目。

第三层面:大力加强金牌多、影响大的奥运"金牌大户"项目,拓展新的"金牌增长点"。

第四层面:认真抓好群众基础好、观赏性强的项目。

4. 对运动员队伍建设实行系统布局,进行分层管理

一个国家或地区运动技术水平的提高,训练目标能否实现,最终都要靠运动员去落实。所以,如何加强运动员队伍建设,加速提高运动员的技术水平和竞争实力,便成为促进竞技体育进步的关键。

从1963年至1965年逐步形成了一个从基层单位业余体校,到重点业余体校、中心业余体校和专业运动队的层层衔接的三级人才训练网络。

20 世纪 80 年代，"三级人才训练网络"进一步完善，分为初级、中级、高级，形似"金字塔"状。

初级：包括基层单位建立的体育传统项目学校、一般青少年业余体校、青少年体育俱乐部。也包括近些年来民间或私人办的单项体育学校。

中级：地(市、州)级办的重点业余体校、中专性质的体育运动学校，还包括某些体育院校办的附属竞技体校。

高级：包括国家队、省(区、市)优秀运动队和解放军体工队。目前高级层次的运动队已经突破由国家一家独办的单一模式，形成了行业、厂矿企业、高等院校、职业体育俱乐部等多家组建承办高水平运动队的格局，拓展了竞技体育人才培养的路子。

5. 贯穿"以人为本"思想，正确运用激励机制

竞技体育水平的提高，需要有一支综合素质高、训练经验丰富的教练员队伍，更需要一批又一批的优秀运动员，当然还需要大量事业心强、有创新能力的科研人员、管理人员。人是最重要、最根本的因素，人才是竞技体育发展的基础，未来竞技体育发展的核心是提升运动员、教练员、裁判、科技、体能、管理等人才的数量和质量，提高复合型竞技体育人才队伍的综合素质。管理中必须重视的因素，贯彻"以人为本"的思想，在继续发挥政府部门主导作用的同时，用激励机制调动人才培养单位、社会组织和个人的积极性、主动性和创造性，对处于不同需要层次的运动员进行分析研判，丰富和灵活运用激励手段。不断创新竞技体育后备人才多元培养方式，不断提高运动员文化教育和保障工作，发挥市场在项目普及和培养后备人才方面的作用。

（二）天津在国内竞技体育格局位置改变的原因

1. 市委、市政府的正确领导

九运会后，市委、市政府在常委会、市长办公会专题研究体育工作，并召开了全市体育工作会议，并下发了"中共天津市委、天津市人民政府关于贯彻落实《中共中央、国务院关于进一步加强和改进新时期体育工作的意见》的实施意见"，切合实际的举措，富有成效的招法，将天津竞技体育的基础夯实，成为天津竞技体育实现新时期新跨越的基石。天津体育的发展，是市委、市政府和国家体育总局正确领导的结果。天津体育的变化，得益于改革开放的政策和氛围。天津体育的进步，离不开全市人民关心和支持。天津体育的成绩，凝聚着全市广大体育工作者的心血与汗水。

2. 市体育局正确的工作思路

市体育局领导班子，坚决贯彻市委、市政府关于天津体育要打翻身仗的指示。市体育局在深入调查研究的基础上，制定了加快建设体育强市的发展规划，明确了新的奋斗目标，继续实施"金牌战略"工作思路；强化了以奥运带全运的战略指导思想，要以奥运为目标，紧密结合天津的实际，认真做好天津市的项目布局和结构调整，突出重点，缩短战线，贯彻科学发展观，在新的上升期又好又快地发展体育事业，以"三五八十"积聚的能量不断释放，"三步走"战略举措扎实推进；大力度开发、吸引、造就一大批高水平竞技体育人才，加快后备力量的培养，积极构筑以高水平教练为重点的人才基地；依靠科技进步，切实提高运动训练科学化水平；对重点项目、重点人给予人、财、物的大倾斜、大投入，为重点项目人才群体建设和尖子人才的培养创造良好的条件和氛围；建立、健全了与超常加快发展相适应的管理机制和运行机制，调动了多方面的积极性和创造性。

3. 深化体育改革

为适应社会主义市场经济体制稳步发展的形势,立足 2008 年奥运会,着眼未来,在训练、竞赛方面进行了系列改革,不断深化运动项目管理体制改革,强化竞技体育发展动力。加强运动队思想政治建设和科技、心理、后勤等保障性工作,提高训练质量和效益。天津市在竞技体育项目的结构布局上进行了调整,注重竞技体育优势与潜优势项目与国家奥运优势项目协调发展关系,它是在更大的范围内、更多的项目上加快与国家奥运优势项目对接的速度;同时不能忽视潜优势项目上快升的势头,把主攻方向锁定在国家的重点优势项目和潜优势项目上。突出抓好本市的击剑、跳水、体操、射击、乒乓球、柔道、举重等国家在奥运会上的优势项目和优势小项;做强做大武术、棒球、网球、蹦床、花样游泳、跆拳道、女排、女垒等天津市的重点项目,逐步形成规模优势,构筑尖子人才群,精心打造一批天津竞技体育在全国的"品牌项目";力求在田径、游泳、自行车等项目中的一些小项取得突破;积极抓好群众喜爱、影响大的足篮排等集体项目及非奥运项目;下大力培植奥运和全运金牌新的增长点,提升天津市竞技体育在全国的位置,走出一条竞技体育超常加快发展的新路。

4. 实施科技兴体战略

随着运动训练与科研结合得越来越紧密,训练竞赛中的科技含量不断提高。坚持科教兴体,提高科研水平。充分利用天津的科技、教育优势和天津高等院校的学科优势,加强体育科研基地建设,积极探索科研训练一体化的发展模式,不断提高科研水平。充分应用多学科的科技成果,提高运动选材、训练与消除疲劳和促进恢复、运动创伤防治以及全民健身等工作的科学化程度。提出了将体育科研面向训练和竞赛主战场,使竞技体育有了可靠的依托,并为运动队特别是重点项目配备科研功关小组和科研人员,实行全程跟踪,充分运用高科技手段解决训练和竞赛中的实际问题。加强运动员选才、育才的方法手段的研究,加强实战中体能、技能、打法、战术和心理的研究,并为各训练单位配置了高水平的体能训练器材和医疗设施。着手建设具有国际先进水平的、侧重应用开发的体育科学重点实验室。建立天津体育科技中心网站,构筑天津体育信息平台。

5. 建立一支敬业奉献、团结拼搏、真抓实干的体育队伍

这几年,天津在体育队伍的建设方面始终把党建和精神文明建设摆在突出位置来抓,通过多种形式加强体育队伍的爱国主义、集体主义和社会主义教育,树立正确的世界观、人生观和价值观,形成了一支敬业奉献、团结拼搏、艰苦创业、勇攀高峰的体育队伍。广大教练员创意务实,勤奋敢干,舍小家顾大局,全身心投入,长年累月拼搏在训练场上。运动员更是每天汗洒运动场,尝尽了酸甜苦辣,许多运动员落下了满身伤病。广大干部职工也是自我加压,超负荷工作,为运动训练提供了可靠的保障。

6. 精心策划、精心指挥、精心实施、精心服务

天津代表队在参加国际、国内的重大比赛时,坚决做到"精心策划、精心指挥、精心实施、精心服务",调整布局,重点突破,打造精兵,为运动员充分地发挥出自身的技、战术水平,创造出优异的比赛成绩,提供最佳的比赛条件。

三、2004 年奥运会省市竞争格局的预测与现实比较

(一) 1984—2004 年各省市代表团奥运会奖牌统计分析

由表 4-9 可知,1984—2004 年各省市代表团在奥运会上所获金牌的数量共 122.5 枚。排在首位的是辽宁(15.5 枚),第 2—8 位分别为湖北(11 枚)、北京(9.5 枚)、广东(9 枚)、江苏(8.5 枚)、浙江(8.5 枚)、湖南(8 枚)、四川(6.5 枚)、河南(6.5 枚)。此后,获得金牌的代表团为广西(6 枚)、上海(6 枚)、山东(5.5 枚)、解放军(5 枚)、河北(4 枚)、福建(3 枚)、黑龙江(2.5 枚)、江西(2.5 枚)、天津(2 枚)、安徽(1 枚)、云南(1 枚)、陕西(0.5 枚)、山西(0.5 枚)。

表 4-9　1984—2004 年各省市代表团奥运会金牌统计表　　单位:枚

	1984 年	1988 年	1992 年	1996 年	2000 年	2004 年	总计
辽宁	2.5		3	2	4.5	3.5	15.5
湖北	1	1	1.5	3.5	3	1	11
广西	4	0.5		1		0.5	6
广东	2		1		1.5	4.5	9
上海			2	1	1.5	1.5	6
北京	2			1	1.5	5	9.5
湖南			1	1	6		8
河南			1.5	1.5	1	2.5	6.5
解放军	1		0.5	1.5		2	5

111

	1984年	1988年	1992年	1996年	2000年	2004年	总计
江苏	1		1	1	3	2.5	8.5
四川	1.5	1.5	2		1	0.5	6.5
浙江	2	1	0.5	1	1	3	8.5
河北	0.5		1		1	1.5	4
福建	1				1	1	3
山东					1.5	4	5.5
安徽	1						1
江西		1				1.5	2.5
天津					0.5	1.5	2
山西	0.5						0.5
黑龙江				1.5	1		2.5
云南						1	1
陕西						0.5	0.5
其他	0	0	0	0	0	0	0
总计	20	5	15	16	29	37.5	122.5

(二)各省市历届全运会金牌比例与奥运会金牌比例 的相关分析与线性回归方程的建立

第7—10届全运会及第26—28届奥运会各省市金牌数与比重情况（见表4-10和表4-11），以7—9届全运会各省市金牌比例为变量，以对应的各省市奥运会金牌比例为另一变量，本研究运用 SPSS 统计软件，统计出了两个变量之间的相关系数(结果见表4-12)。

从表12可以看出，历届奥运会金牌比例与全运会金牌比例的 Pearson 检验中，相关系数为 0.966，同时单尾检验达到 0.001 显著性水平。说明两者的相关性较高。

既然历届奥运会金牌比例与全运会金牌比例之间相关程度密切，本

文尝试以各省市全运会金牌比例为自变量,以对应的各省市奥运会金牌
比例为因变量,构建了线性回归方程,方程的基本情况见表 4-13、表 4-
14、表 4-15。

　　表 4-13 是模型的拟合优度检验,从中可以看出,平方系数与调整后
的平方系数都达到了 0.93 以上,说明模型的拟合优度非常高。在模型的
方差检验(表 4-14)中,F=903.919,显著性水平达到 0.001,呈非常显著
性差异,同时在表 4-15 中模型的 t 检验呈显著性水平。

　　据此,可以得到有关各省市奥运会金牌比例的回归方程:

$$Y = 2.019E-03 + 0.977X$$

(X 自变量,代表全运会金牌比例;Y 为因变量,代表奥运会金牌比
例)

表 4-10　我国省市代表团第 7—10 届全运会获得金牌数量及所占比重对比表

	第七届全运会		第八届全运会		第九届全运会		第十届全运会	
	金牌数	比重	金牌数	比重	金牌数	比重	金牌数	比重
辽宁	44	0.131	39.5	0.104	41	0.100	31	0.064
湖北	20.5	0.061	12.5	0.033	12.5	0.030	7	0.015
广西	6	0.018	12.5	0.033	7	0.017	6	0.012
广东	29	0.086	24.5	0.064	69.5	0.169	46	0.095
上海	26	0.077	42	0.111	29.5	0.072	26	0.054
北京	21	0.062	20	0.053	23	0.056	32	0.066
湖南	14	0.042	17.5	0.046	19.5	0.047	13	0.027
河南	20.5	0.061	14.5	0.038	7.5	0.018	15.5	0.032
解放军	14	0.042	24.5	0.064	33	0.080	44	0.091
江苏	18	0.053	23	0.061	24.5	0.060	56	0.116
四川	15	0.045	12.5	0.033	9	0.022	12	0.025
浙江	8	0.024	17	0.045	12.5	0.030	29	0.060
河北	7	0.021	6.5	0.017	12	0.029	15	0.031
福建	11	0.033	5	0.013	9	0.022	17	0.035

续表

	第七届全运会		第八届全运会		第九届全运会		第十届全运会	
	金牌数	比重	金牌数	比重	金牌数	比重	金牌数	比重
山东	12	0.036	25	0.066	22	0.053	42	0.087
江西	3	0.009	8	0.021	3	0.007	12	0.025
天津	5	0.015	5.5	0.014	8	0.019	15.5	0.032
黑龙江	4	0.012	9.5	0.025	8.5	0.021	16	0.033
云南	2	0.006	1	0.003	7	0.017	5.5	0.011
陕西	1	0.003	1.5	0.004	8.5	0.021	3	0.006
其他	56	0.166	58	0.153	45	0.109	38	0.079
总计	337	1	380	1	411.5	1	482	1

表 4-11 我国省市代表团第 26—28 届奥运会获得金牌数量及所占比重对比表

	第二十六届奥运会		第二十七届奥运会		第二十八届奥运会	
	金牌数	比重	金牌数	比重	金牌数	比重
辽宁	2	0.125	4.5	0.155	3.5	0.093
湖北	3.5	0.219	3	0.103	1	0.027
广西	1	0.063	0	0	0.5	0.013
广东	0	0	1.5	0.052	4.5	0.120
上海	1	0.063	1.5	0.052	1.5	0.040
北京	1	0.063	1.5	0.052	5	0.133
湖南	1	0.063	6	0.207	0	0
河南	1.5	0.094	1	0.034	2.5	0.067
解放军	1.5	0.094	0	0	2	0.053
江苏	1	0.063	3	0.103	2.5	0.067
四川	0	0	1	0.034	0.5	0.013
浙江	1	0.063	1	0.034	3	0.080
河北	0	0	1	0.034	1.5	0.040
福建	0	0	1	0.034	1	0.027

	第二十六届奥运会		第二十七届奥运会		第二十八届奥运会	
	金牌数	比重	金牌数	比重	金牌数	比重
山东	0	0	1.5	0.052	4	0.107
江西	0	0	0	0	1.5	0.040
天津	0	0	0.5	0.017	1.5	0.040
黑龙江	1.5	0.094	1	0.034	0	0
云南	0	0	0	0	1	0.027
陕西	0	0	0	0	0.5	0.013
其他	0	0	0	0	0	0
总计	16	1	29	1	37.5	1

表 4-12　各省市历届全运会金牌比例与奥运会金牌比例的相关统计结果

		奥运会金牌比例	全运会金牌比例
Pearson Correlation	奥运会金牌比例	1	0.966 * * *
	全运会金牌比例	0.966 * * *	1

注：* * * 表示 $P < 0.001$

表 4-13　模型拟合优度检验

模型	复相关系数	平方系数	调整后平方系数	标准误
1	0.966	0.934	0.933	5.334E-02

表 4-14　方差分析

模型		平方和	自由度	均方	F 值	Sig.
1	回　归	2.572	1	2.572	903.919	0.000
	残差平方和	0.182	64	2.845E-03		
	总　计	2.754	65			

表4-15　回归计算过程中各方程系数表

模型	非标准化回归系数		标准化回归系数	t	Sig.
	B(偏回归系数)	标准误			
（常数）	2.019E-03	0.007		0.280	0.780
全运会金牌比例	0.977	0.033	0.966	30.065	0.000

（三）各省市奥运会金牌比例的回归方程的回代检验

为了检验回归方程的准确度,以辽宁、湖北、江苏、福建为例,将四省九运会金牌比例和28届奥运会金牌比例的数值回代模型,其预测值与实际值的比较见表4-16。可以看出,辽宁、湖北、江苏、福建四省的回代准确率分别为92.80%、84.07%、90.45%、87.04%,说明通过已建的回归方程,用九运会金牌比例预测28届奥运会金牌比例的准确度较高,因此该预测方程是可靠的。

表4-16　第28届奥运会省市金牌比例预测值与实际值的比较

单位	九运会金牌比例	28届奥运会金牌比例	预测值	差值绝对值	准确率(%)
辽宁	0.1	0.093	0.0997	0.0067	92.80
湖北	0.03	0.027	0.0313	0.0043	84.07
江苏	0.06	0.067	0.0606	0.0064	90.45
福建	0.022	0.027	0.0235	0.0035	87.04

注:准确度(%)=100% - ｜实际成绩-预测成绩｜/实际成绩×100%

四、2008 年奥运会省市竞争格局预测

(一)2008 年奥运会省市竞争格局预测结果

运用上文建立的各省市奥运会金牌比例的回归方程,以第十届全运会各省市所获金牌比例(所获金牌数比十运会金牌总数)为自变量,代入方程 Y=2.019E-03+0.977X,便可得到各省市在 29 届奥运会上金牌比例的预测值。第 29 届奥运会各省市金牌比例的预测值数据情况,见表17。由表可知,排在前八位的省市是江苏(11.6%)、广东(9.5%)、解放军(9.1%)、山东(8.7%)、北京(6.7%)、辽宁(6.5%)、浙江(6.1%)、上海(5.5%);排在 9—16 位的是福建(3.6%)、黑龙江(3.4%)、河南(3.3%)、天津(3.3%)、河北(3.2%)、湖南(2.9%)、四川(2.7%)、江西(2.7%);接下来依次是湖北(1.7%)、广西(1.4%)、云南(1.3%)、陕西(0.8%)。其他省市(因多省市综合,故不参与排序)将获得 7.9%的金牌比例。

表 4-17 第 29 届奥运会省市金牌比例预测值

单位	十运会金牌比例(%)	29 届奥运会金牌比例(%)	比例排序
江苏	11.6	11.6	1
广东	9.5	9.5	2
解放军	9.1	9.1	3
山东	8.7	8.7	4
北京	6.6	6.7	5
辽宁	6.4	6.5	6
浙江	6	6.1	7

单位	十运会金牌比例(%)	29届奥运会金牌比例(%)	比例排序
上海	5.4	5.5	8
福建	3.5	3.6	9
黑龙江	3.3	3.4	10
河南	3.2	3.3	11
天津	3.2	3.3	11
河北	3.1	3.2	13
湖南	2.7	2.9	14
四川	2.5	2.7	15
江西	2.5	2.7	15
湖北	1.5	1.7	17
广西	1.2	1.4	18
云南	1.1	1.3	19
陕西	0.6	0.8	20
其他	7.9	7.9	不参与排序
总计	100	100	

有关2008年奥运会中国金牌的预测说法很多,其中最具权威性和更为理性的预测应该当属北京奥组委高级顾问魏纪中先生,按照他的说法,"上届奥运会中国拿到了32块金牌,而这一届我们是'东道主',能够拿到30%的优势",这样算来中国代表团在2008年奥运会上能够拿到的金牌数应为41枚(计算公式:Y=32+32×30%,取整数)。其依据有以下几方面。

(1)东道主优势是客观存在的。

(2)上届奥运会的32枚金牌靠的是实力,偶然性很小(只有射击比赛中美国选手误中中国选手——贾占波的靶位算1块)。

(3)部分国家体育总局官员的赛前低调预测有一定的空间。

(4)体育竞技有不确定性,如果在某些项目没有达到预期的高度,国人是完全能够谅解的。

那么,如果按照上述预测,即 2008 年奥运会中国代表团可以获得 41 枚金牌的总量,按照表 17(第 29 届奥运会省市金牌比例预测值),我们可以折算出第 29 届奥运会我国各省市金牌数量预测值,见表 4-18。

表 4-18　第 29 届奥运会我国各省市金牌数量预测值

单位	29 届奥运会金牌比例(%)	29 届奥运会金牌数量(枚)	比例排序
江苏	11.6	5	1
广东	9.5	4	2
解放军	9.1	4	3
山东	8.7	4	4
北京	6.7	3	5
辽宁	6.5	3	6
浙江	6.1	3	7
上海	5.5	2	8
福建	3.6	1	9
黑龙江	3.4	1	10
河南	3.3	1	11
天津	3.3	1	11
河北	3.2	1	13
湖南	2.9	1	14
四川	2.7	1	15
江西	2.7	1	15
湖北	1.7	1	17
广西	1.4	1	18
云南	1.3	1	19
陕西	0.8	0	20
其他	7.9	3	不参与排序
总计	100	41	

（二）2008年奥运会中国军团金牌预测需要考虑的因素

尽管按照统计学的分析和北京奥组委高级顾问魏纪中先生的专家预测，本文给出了2008年奥运会中国代表团金牌的预测值，及各省市对应的金牌比例与金牌数量，但我们仍需客观分析我国各竞技体育项目的实际情况（结合第10届全运会进行分析），其目的在于更理性地认识我国在即将到来的2008年奥运会上的竞技实力。

1. 优势项目金牌增幅有限

中国的优势项目：射击、乒乓球、羽毛球、跳水、举重、体操、柔道、女排。雅典奥运会：24金。北京奥运会预测：保持优势，增幅很小。

以上八项是中国体育的传统优势项目，由于在雅典奥运会已达饱和，2008年奥运会上很难再有突破，能够巩固优势就属万幸。在这些项目中，十运会的竞争激烈程度并不亚于奥运会。

十运会射击场是"大腕的葬礼"，除奥运冠军张山外，李对红、杨凌、杜丽、朱启南、贾占波等纷纷"脱靶"，张添、林忠仔、王彪、费逢吉等国家队重点培养的新人则表现神勇。在男子25米手枪速射、男子50米步枪卧射等弱势项目上先后超过世界纪录和打破全国纪录，让这次来南京"寻枪"的国家射击队总教练王义夫非常高兴。他表示，十运会后，将有11名新人出现在新一届国家队阵容中。以往为中国军团承担着夺取第一金重任的神枪手们，备战2008年奥运会也是先声夺人，目前已经握有13张奥运会入场券。

射击"大腕"的遭遇只是诸多奥运名将在优势项目上的一个缩影。中国选手在这些项目的整体强势使得冠军们反倒成了"陪衬"。实际上，在这些项目中，十运会的整体竞技水平要高于奥运会，在乒、羽赛场，使马琳、孔令辉、张宁、龚智超、杨维/张洁雯等奥运冠军难堪的，正是马龙、郭跃、蒋燕皎、卢兰等新生代。中国乒乓球和羽毛球队教练组承诺,在今后的汤姆斯杯、尤伯杯、亚运会、世乒赛团体赛及国际公开赛中,给予这些新人更多机会。2008年,随着这批新人的成长,张怡宁、王励勤、林丹等实力派日趋成熟,再度包揽全部奥运金牌或许不是梦。

跳水比赛中只有"亮晶晶"捍卫荣誉,奥运冠军彭勃、胡佳、劳丽诗和李婷等纷纷落马。14岁的袁培琳成了又一个延续中国女子跳水低龄传统的人物。这位酷似高敏的女孩,将和贾童、贾东瑾等一起为中国跳水重新夺回女台冠军而拼争。而在竞争激烈的男板赛场,虽然20岁的加拿大神童德斯帕蒂有独步江湖的趋势,但小将何冲那个难度系数高达3.8的动作,也是向奥运冠军冲刺的有力武器。八个奥运项目中,中国跳水能否延续雅典的势头守住6金,要看怎样运用老将和新人。

看着"超女"们在举重赛场上视世界纪录如草芥的表现,就会对举摔柔管理中心主任马文广勾勒的中国大力士要在2008年抢占全部金牌的"三分天下"(5金)的豪言充满信心。除了欧阳晓芳(58公斤级)、杨炼(48公斤级)等新生代外,男举56公斤级的李争、62公斤级的丘乐、85公斤级的陆永也有望在2008年成为耀眼的"巨星"。

中国体操梦碎雅典。十运会上李小鹏、杨威、黄旭、邢傲伟、董震等老将依然在拼,不过相信在2008年,代表中国出征的将是以滕海滨、肖钦、范晔、程菲为首的一批新人。在男子吊环、女子高低杠、自由操等以往的劣势项目上,中国力量也在恢复或崛起中。

在女柔赛场上,大级别老将孙福明倒下了,但年轻的佟文和刘欢缘均蓄势待发;52公斤级奥运冠军冼东妹惜败决赛场,48公斤级奥运铜牌得主高峰却问鼎成功。

中国女排在夺得雅典奥运金牌后进行了大换血,目前,依然是一支世界劲旅。如果新女排能发扬老女排的优良传统,北京奥运卫冕冠军可以期待。

中国传统优势项目正年复一年地重复着新旧传承的故事,但世界豪强也在进步,若想保持住雅典硕果,丝毫不能掉以轻心。

2. 潜优势项目潜力可期

潜优势项目:田径、游泳、水上、自行车。雅典奥运会:4金。北京奥运会目标:实现突破,超越雅典。

田径是奥运会上最大的"金牌库",包括 46 枚金牌,而游泳和水上项目的金牌则超过了 70,构成了"119 工程"。在雅典奥运会上,中国军团在田径、游泳及水上项目上分别得到了 2-1-1 枚金牌的成绩,但这并不能掩盖中国在田径和游泳两个基础大项上的落后状况。

十运会赛场,田径项目并没有显露出全面进步的迹象。除了男子110 米栏的奥运冠军刘翔状态良好,延续着与杜库里、阿兰·约翰逊等高手的竞争优势外,其他项目均不乐观。在竞走项目上,大多数知名选手在世锦赛上毫无作为,在十运会上同样与金牌无缘。更年轻的选手冒出来,翻开一页不知是喜是忧的中国竞走画卷。

女子万米奥运冠军邢慧娜已经无法和埃塞俄比亚迪巴巴姐妹争锋,铜牌都无法染指,而 2003 年世界锦标赛万米铜牌得主孙英杰掉进了"尿瓶子"。女子链球希望之星张文秀也不具备夺取世界大赛奖牌的实力。在其他项目中,中国田径依然是满目萧条,无法指望短时间内有谁能放出夺牌的卫星。面对北京奥运,中国田径不太可能圆雅典奥运双金梦,很可能依然是"零金牌"。

相对而言,水上项目的发展空间最值得期待。其中,游泳项目显示出了一丝亮色。奥运冠军罗雪娟 100 米蛙泳的成绩依然可以问鼎奥运会,浙江选手杨雨及上海的庞佳颖(200 米自由泳)的成绩均超过雅典奥运会冠军的成绩,而女子 200 米自由泳前四名选手的成绩相加,也超过了美国队在雅典创下的 4×200 米自由泳接力世界纪录。可以说,十运会游泳赛场诞生了四块"奥运金牌"。2008 奥运会上,罗雪娟、杨雨、高畅、齐晖等女将正当年,具备冲金可能,吴鹏、欧阳鲲鹏等男选手也有望夺得中国男选手梦寐以求的奥运会奖牌。

在雅典奥运会上孟关良、杨文军实现了奥运会皮划艇金牌"零"的突破,带领他们夺冠的金牌教练马克和奥运会功勋教练约瑟夫(中国皮划艇队总教练)强强联手,将大大加快中国选手赢取金牌的步伐。正如约瑟夫所说:"中国队有很大的潜力,尤其是女子皮艇。我希望男子皮艇也能达到世界水平,男子皮艇已经拿到一枚金牌,在2008年,我希望争取更多的金牌。"将中国皮划艇队打造成像中国跳水和乒乓球那样的"梦之队"。同时,在这个周期内,中国赛艇一再续写辉煌。因此相对而言,水上项目的发展空间最值得期待。

自行车赛场上,虽然女子500米个人计时赛这个中国的优势项目被砍掉了,但中国自行车队在女子争先赛、女子记分赛、女子山地车赛和女子个人公路赛上都有潜力,尤其是女子争先赛是重中之重。从雅典奥运到北京奥运,只有短短四年的时间,我们不要期待中国军团在如此短的时间里会在潜优势项目上有突飞猛进的崛起,但超越雅典奥运会金牌数的可能性还是很大的。

3. "黑马"在提高中寻求突破

"黑马"项目:击剑、女子跆拳道、女网、女曲、女垒、蹦床、摔跤。雅典奥运会:4金。北京奥运会目标:寻找突破点,提高整体实力。

如果说优势和潜优势项目树起了中国竞技体育在雅典奥运金牌榜上的里程碑,那么,"黑马"项目则将决定这座里程碑在北京奥运会上的高度。

目前,中国有望"爆冷"的夺金项目还有击剑、女子跆拳道、摔跤、蹦床以及女曲等。在2008年奥运赛场,我国选手如果训练有方并发挥出色,有可能会在这些项目上取得好成绩。

雅典奥运会的三块击剑银牌,让人们对2008年充满期待。当男花三剑客封剑江湖后,以张亮亮为首的新一代剑客在世界锦标赛上展示出了风采。女子跆拳道,罗微和陈中向人们展示了高超技术。十运会,罗微因伤中途弃权,陈中宝刀不老夺冠,新科世界冠军王莹则展示出了很强的实力。

女子网球双打金牌的取得证明了中国人在这项欧美人垄断的项目上有了突破,人们有理由期盼中国女网再创辉煌。一直在十运会赛场观察队员表现的中国国家女子曲棍球队主教练金昶伯表示:"雅典奥运会时,中国队就有实力获得冠军,但由于一些失误,未能如愿,尽管目前国家队面临着新老交替的问题,但我们仍然有信心夺取北京奥运会的金牌。"

国际垒球联合会主席波特在观看十运会垒球比赛后乐观地指出,中国队有望夺得北京奥运会的金牌。年轻的中国蹦床队一直朝着世界一流强队靠近。悉尼奥运会,中国蹦床队没能拿到入场券,到雅典奥运会,黄珊汕已经夺得了女子网上项目的个人铜牌。

上述冷门项目虽没有足够的夺金把握,但有足够的上升空间。雅典奥运会上,不少"黑马"从这些项目中脱颖而出,人们期待着更多的"黑马"在北京奥运会上奔腾。

4."金牌至上论"不可取

虽然中国选手在北京奥运会上夺取金牌总数第一的悬念引起国人的关注,但国家体育总局副局长肖天认为:唯金牌论不足取,金牌虽然是个重要指标,但不是唯一的指标。"中国和美国、俄罗斯相比,在整体实力上还有差距,雅典奥运会的金牌总数不能说明问题,当时我们是太走运,该拿的拿了,不该拿的也拿了,和俄罗斯争金的六个项目上全胜。在北京奥运会上,中国赢得金牌总数第一几乎是不可能的。"他透露,国家体育总局并没有明确下达北京奥运会金牌指标,目标中只是提到"在金牌和奖牌榜上力争前列"。"金牌至上"不是奥运精神,但"更高更快更强"一定是。

当然,在近六届奥运会上,东道主获得的金牌数无一例外都超过上届,其中韩国从1984年的6枚金牌翻番到1988年的12枚;西班牙则是从1988年的1金火箭般地蹿升到1992年的13金;美国则在1996年亚特兰大奥运会上金牌总数创下空前纪录;澳大利亚在悉尼奥运会上金牌数从上届的9枚增加到16枚;希腊人在雅典奥运会上取得了历史性的6

金,比上届多了 2 块。

如何看待东道主现象? 肖天解释说:"以上奥运东道国的体制和我国不一样,他们普遍是俱乐部和民间体制,我们是举国体制,而且搞了许多年。我们的潜力并不大,而美国、澳大利亚、西班牙等国一旦重视起来,加大投入,自然产生非常大的成效。这是我们和他们具有很大不同。"

综上所述,我们应该看到,中国在北京奥运会上实现金牌总数第一的可能性并不大,而且,以金牌论成败只会使我们陷入狭隘的认识误区。中国竞技体育是中国体育的一部分,只有融入和谐发展的社会大潮中,在北京奥运会上,展现高水平的同时,展现高水平的组织工作和中华民族精神,推进竞技体育与群众体育、学校体育的良性互动发展,推进经济和社会发展,才是北京奥运会成功的标志。

五、2008 年奥运会省市竞争格局状态下天津市竞技实力的 SWOT 分析

(一)天津市参加 2008 年奥运会的内部优势

1.竞技体育的整体实力逐步加强,并呈现良好的发展态势

天津市竞技体育以备战 2008 年第二十九届北京奥运会 2009 年第 11 届全运会为重中之重,以多夺金牌、争创佳绩为目标,在新的上升期继续突破前行,整体实力和水平进一步明显提升。2001 年第九届全运会,天津体育代表团夺得 8 枚金牌、8 枚银牌、9 枚铜牌。金牌总数列全国第十七,取得历史最好成绩。2004 年在雅典奥运会上,本市运动员夺得 3 枚金牌、1 枚银牌和一个第四名、一个第六名、三个第七名,所有参赛的运动员都进入了奥运会前八名,这是天津运动员参加奥运会成绩最好的一届。

2005 年又在第 10 届全运会上天津体育代表团共夺得 15.5 枚金牌、13.5 枚银牌和 11 枚铜牌,金牌、奖牌和总分均超过历届,奖牌榜排名首次进入全国前十名,实现了全国排名的大幅跃进,刷新了天津体育史。较为瞩目的是,天津女排第一次夺取全运会冠军,实现了全运会、全国联赛、全国锦标赛和全国大奖赛的大满贯,天津女排在快速提升竞技体育水平的同时,彰显的"女排精神",成为了鼓舞全市竞技团队和全市人民蓬勃向上的宝贵精神财富。2006 年多哈亚运会上,天津市运动员夺得 16 枚金牌,金牌榜位居全国第九位,实现了参赛项目、参赛人数、参赛成绩全面超历届的优异成绩,被国家体育总局授予亚运会突出贡献奖。在全国最高水平比赛中,本市运动员共夺得 21 枚金牌,位居全国第八位。可见,天津市竞技体育的整体实力已经逐步增强,并呈现良好的发展态势。

2. 新时期竞技体育战略性调整和项目布局初具规模

天津竞技体育已把加快提高运动队的综合实力作为训练工作的重点,强化苦练铸造金牌,认真搞好新时期竞技体育的战略性调整和项目布局,突出抓好天津市的击剑、跳水、体操、射击、乒乓球、柔道、举重等国家在奥运会上的优势项目和优势小项;做大做强武术、棒球、网球、蹦床、花样游泳、跆拳道、女排、女垒等天津市的重点项目,逐步形成规模优势,构筑尖子人才群,精心打造一批天津竞技体育在全国的"品牌项目";力求在田径、游泳、自行车等项目中的一些小项取得突破;积极抓好群众喜爱、影响大的足篮排等集体项目及非奥运项目;下大力气培植奥运和全运金牌新的增长点。为此,天津市加快建设具有现代化训练、教学、科研设施和管理、生活、医疗、恢复功能一体化的天津竞技运动技术学院,建设一批适应当代运动训练需求的国家级训练基地,并推行优秀运动队和后备人才梯队建设一条龙的管理体制。加大科研和引进高水平教练员、运动员的力度,更多地请进来、走出去,锻炼队伍,学习国际先进的训练方法和手段。同时积极办好各种国际、国内大型赛事,提高天津市在全国和世界的知名度。需要注意的是,我们不能因在大赛上取得了较好的成绩而盲目追求项目布局大而全,在不考虑本地区竞技体育实际情况和经济发展水平前提下的项目布局的大而全,一方面导致后备人才资源低水平的重复,投资效益低下;另一方面导致后备人才的不良竞争,严重影响了后备人才资源的有序开发。

3.坚持实施奥运争光计划并采取各种超常加快的措施

近年来天津市坚持实施奥运争光计划,采取各种超常加快的措施,广大运动员、教练员志在最高的信念进一步确立,苦练创新、拼搏奉献的意识普遍增强,训练设施和环境不断改善,竞技体育的整体实力有了明显提高,着力培养了一批世界级尖子运动员,已经涌现出王涴涴、王敬之、彭帅、谢颜泽、郝帅、佟文、陈一冰等为代表的一批年轻优秀人才,也有一批像康丽、乐莹和汪皓等已经输送到跳水等国家集训队的优秀苗子。天津已经下大力,努力把他们打造成为像张萍、张娜、李珊、谭雪等那样的国家竞技体育栋梁之材,为天津争光、为祖国争光。

4.多人次入选国家备战 2008 年奥运主力阵容

天津体育将以 2008 年奥运会为目标,实现新的突破,努力为国家做出更大贡献,在更高起点上、以更高标准、更快速度和更坚实的步伐实现新跨越。一批运动员经过大赛锻炼,竞技水平明显提高,在一系列大赛上取得优异成绩。优秀运动队的新老交替基本完成,一批新人茁壮成长,击剑、柔道、网球、自行车、男子曲棍球、女子举重、跳水、游泳等一批新人不断涌现,本市各运动队在十运会后新周期的新老交替已基本完成。截至 2007 年 3 月,天津市有 71 名运动员参加国家女排、棒球、垒球、水球、体操、击剑、柔道、游泳、跳水、举重、射击、乒乓球等备战 2008 年北京奥运会集训。张娜、李珊、张平、李娟、陈一冰、佟文、谭雪、王敬之、王鑫、杨洁俏、彭帅、刘海霞、高静等一批尖子运动员入选国家备战奥运主力阵容。与以往相比,本市优秀运动员在国家优势项目的人数有了明显增加,为实现天津在北京奥运会上为国家做出新贡献的目标奠定了坚实基础。同时,

2004 年雅典奥运会金牌翻番后的第一大战役十运会后,津门健儿在第二大战役多哈亚运会上又凯旋。而这一切也是为关键的第三大战役 2008 年北京奥运会充分练兵。

5. 已有举办大赛经验与人才智力支持

以培养竞赛管理和裁判队伍为目标之一的体育竞赛十分活跃,为 2008 年北京奥运会服务的基础工作取得重大进展。"十五"期间,天津每年都承办或举办二十余项不同规模、不同项目的国际或全国体育赛事,中日韩室内田径对抗赛、第 12 届亚洲男排锦标赛、2002 年世界大学生滑水锦标赛、2005 年世界滑水锦标赛、中澳足球友谊赛、全国女排联赛等,且其办赛水平、办赛质量等在国内外得到一致好评。不仅如此,天津市还具有一批较成熟的体育组织管理人才和各方面的专业人士,并且这些人才还在源源不断的培养和输出,保证了相关组织管理人才的可持续化发展。同时,天津市大力推进体学研的深度结合,鼓励竞技体育与高校、科研机构的合作。一批较高水平的科研机构和较高素质的科研教学队伍,能够为竞技体育的训练、营养、疲劳恢复、科技攻关等提供人才智力支持。

(二)天津市参加 2008 年奥运会的内部劣势

尽管近年来天津经济取得了突飞猛进的发展,但我们应十分清醒地看到,天津竞技体育在十运会上取得的成绩,还远远不能适应天津跨越式发展形势的要求,与天津市的城市地位相比还不适应,与体育先进省市相比还有不小的差距,与全市人民的期望还有一定的距离。为了能使天津市竞技体育整体水平明显地提高,我们必须清醒地审视到内部所存在的问题。

1. 竞技体育管理体制有待创新

目前,天津市竞技体育人才培养机制仍然采用的是"思想一盘棋、组织一条龙、训练一贯制"方针指导下的,以专业训练为主的"金字塔"式的三级训练网。对应"金字塔"式的三级训练网,天津市竞技体育人才培养方面也相应建立了自己的三级训练网。目前,依托体育系统进行运动员培养的训练体制是天津市竞技体育人才培养的主要通道,其中包括由市体育局直属的市体工队和市体校以及由区县体育局直属的各区县业余体校组成,此外市体工队由下设四个单项中心(游泳、网球、足球和乒乓球)和两个多项目训练基地(傅村训练基地和韩家墅基地)。天津市竞技体育管理体制存在的问题:一是天津市竞技体育管理体制正处于由政府管理型向政府与社会结合型管理体制改革过程中的一个过渡阶段,体育改革有待继续深化,管理体制、运行机制和发展模式还要进一步转变,体育行政管理部门对社会体育的宏观调控能力还有待进一步提高。如何在发挥政府主导作用的前提下,合理引导、激励社会力量参与、支持体育,同时处理好权限划分和利益分配的问题。二是天津市竞技体育的人才培养系统基本已经形成了在社会力量积极参与下"体教结合"的外部形态,如何真正发挥这一后备人才梯队建设的效益,为天津市的竞技体育服务。三是如何提升自主创新的能力,实现科研与训练的结合,真正体现科研对训练的指导作用,为天津市竞技体育的进一步发展服务。管理体制的改革不仅要有一个合理有序的组织体系,更重要的是要有一个与之配套的制度保障与社会发展相适应。组织体系变了,而人事制度、财务制度、运动员流动制度等都保持原样,实际上这只是一种形式的更换,并不能从根本上改革管理体制和运行机制。

另外,竞技体育的举国体制,虽然创造了新中国的运动神奇,但其高额的运作成本和其因缺少相应的保障机制所带来一系列社会问题的出现也越来越引起人们的重视。随着我国由计划经济向市场经济的转型,举国体制也受到越来越明显的冲击,正发生着变化,客观上需要建立符合特定时期发展的运行机制。而在竞技体育后备人才的培养方面,仍存在十分尖锐的问题,如绝大部分的竞技体育后备人才培养工作由国家负担,供求机制、价格机制、竞争机制、调控机制难以适应市场经济发展的需要。

目前高校运动队不能为竞技体育提供有效的人才输送,只解决部分后备人才出路问题,高质量的竞技体育后备人才资源有限,无法和高水平专业运动队竞争抗衡。所有这些,突出体现在转型期后备竞技人才培养上的不协调,必须建立和特定历史时期相吻合的竞技体育后备人才培养模式和运行机制。

2. 科学化训练程度不高

目前天津市竞技体育优势项目和尖子人才还不多,体育的综合竞争力与强省市相比还有较大差距,竞技体育训练和管理的科学化水平还有待进一步提高,对竞技体育规律的认识还有待进一步深化,这些都是天津市竞技体育训练科学化不高的表现。世界体育发达国家和我国强势项目长期傲立于世界体育之林的法宝是科学化训练程度的不断提高。有关研究表明,进行科学化训练重点需要解决好以下五个方面的问题,即科学选材、体能训练、疲劳恢复(包括营养问题)、心理训练和器材装备。而天津市的大部分教练员是按经验进行选材或者是中、小学体育教师推荐。绝大多数教练员的体能训练方法,走的都是"师傅教徒弟—徒弟教徒孙"的老路子。在训练过程中经常采用的反馈手段绝大部分是凭经验、运动员自述,只有少数的教练员通过身体机能测试、技评和达标、身体形态测试等手段来监控运动员的训练。教练员采用的恢复措施也略显简单。长期以来,训练科学化程度低,技战术创新能力弱是制约我市部分项目健康发展的主要因素,表现为训练指导理论滞后于运动实践的现实发展、传统训练方式占主体地位、训练效益差等问题。究其原因,在很大程度上是科研与训练实践严重脱节。主要是科技成果向运动训练实践转化的机制不够畅通。另外,教练员、运动员的科学文化素质偏低也是制约训练科学化和技战术创新的主要因素。对此,应建立鼓励科技成果转化的机制,加强对教练员、运动员的培训,切实提高教练员、运动员的文化水平和科技素质,积极引导他们学习和掌握先进的运动技术与训练方法。

科学化训练程度不高的另一个表现,是教练员科研、学习的积极性不高，自费订阅业务报刊的比例非常之低，一些教练员就是单位给定了业务报刊，也很少有钻研学习的，除此之外，就是教练员公开发表论文数量极少，这对于教练员吸收新的理论知识，创新意识的形成，新的训练方法的掌握极为不利。

3. 竞赛体制仍存在一定弊端

由于急功近利思想，在近些年的比赛中，有些区（县）不惜财力搞"假引进"、拉"雇佣军"，以大打小、冒名顶替，取得好名次的不乏"赝品"，真正的后备人才被埋没；由于金牌的导向作用，市运动会从某种程度上讲，成了各区（县）的经济实力大战，这些已从本质上严重干扰了训练和竞赛工作，挫伤了基层教练员的积极性。还有一些教练员，热衷于在低层次比赛中争金夺银，搞利己的短期效益，甚至出现了少数项目个别人操纵比赛的严重问题。为此，应重新检讨由于竞赛体制问题给训练、比赛带来的不利影响，结合国家体育总局针对青少年竞赛制度存在的弊端所进行的改革，进一步完善竞赛体制，使其朝着培养后备人才的正确方向发展。

运动员的注册制度，对于杜绝冒名顶替、净化比赛环境，起到了一定的作用。但在实践中大家发现，现行注册制度对后备人才交流却起到了相当大的阻碍作用。正门不通走邪道，于是相当一部分人才交流活动走的都是地下市场。

此外，我国现行竞技体育竞赛体制对社会与市场资源的吸纳能力不足，政府财政"吃紧"；腐败与违纪行为频发，管办不分、政社不分、事社不分的体制弊端遏制了体育发展活力；"全运会"与"奥运会"之间的矛盾加重；项目发展结构存在失衡化倾向，整体上看表现为我国竞技体育项目发展面临着传统优势项目夺金能力下滑，奖牌大项类项目夺金能力不足，三大球项目竞技水平滞后的现状。诸此种种，暴露出的竞技体育竞赛体制各种弊端严重影响着竞技体育的良性发展，亟待理清思路，尽早解决。

4. 基地建设中存在潜在隐患

有些教练员认为后备人才基地建设存在一定的潜在隐患:第一,此种组织形式仍具有强烈的行政模式的痕迹,走的还是依靠国家拨款的路子,容易养成各基层单位"等、靠、要"的不思进取的思想。第二,资金来源主要依靠天津市体育彩票公益金,如果体育彩票的发行量出现萎缩,就会动摇基地及训练根基。造成这两种情况的深层原因就是上面提到的我国竞技体育"对外开放"程度不足,无法有效吸纳市场能量建设,这将在很大程度上制约着竞技体育的可持续发展。第三,资金的使用缺乏监督。目前,天津市普遍对基地建设资金来源和使用问题、对基地规模认识水平不足,对基地建设类型和发展方向问题认识不够深刻和清晰。

5. 教练员队伍总体素质不高

从国家级教练员比例看,与辽宁、上海、广东、北京等省市相比,天津市明显偏低。该结果反映出天津市教练员群体执教水平不够高,自然难以培养出在奥运会等国际大赛上争金夺银的尖子运动员。

缺乏本科以上高学历的"学者型"教练员。尽管天津市优秀运动队教练员队伍中,拥有本科以上学历的教练员113人,占75.4%,但仍有不少教练员的学历较低,难以形成高学历的"学者型"教练员群体。

教练员专业理论及学术水平不高。随着竞技体育水平的不断提高,要在当代体育竞技舞台上争得一席之地,必须提高运动训练的科学化水平。这就要求教练员应具有扎实的理论知识,即是对训练、比赛的信息进行梳理和总结,提高理性认识,从而及时把握本专项的发展趋势,并掌握和运用先进的技术、战术,以及科学训练的方法和手段,达到提高训练水平的目的。但是,现实情况却令人遗憾和担忧。统计资料表明,自1983年以来,天津市优秀运动队教练员在各种报刊发表或在各级学术会议上交流的学术论文及专业文章共计仅299篇,15年人均1.99篇。

6. 比赛中不正之风的干扰

竞技体育不正之风主要是一种试图通过操控竞技运动结果，并借助其获得经济利益的手段和行为方式。在全面建成小康社会的今天，竞技体育不正之风问题的存在，不仅对体育事业的健康发展和社会风气的纯化极其不利，也给天津市形象带来了负面影响。在市内比赛中，运动员参赛资格的弄虚作假现象时有发生，有的问题还相当严重。部分项目、部分参赛运动队包括部分地区领导在内，对市运会参赛的指导思想缺乏战略眼光，短期行为严重，参赛动机不纯。少数运动队以借兵打仗、改名换姓、以假乱真、以大充小、假球假赛、服用违禁药物等弄虚作假等做法追求不正当利益，违背公平竞赛原则，损害对方或他人的合法权益，破坏竞赛秩序的行为，严重违背了公平竞赛的体育道德，干扰了竞赛工作的正常秩序，影响了优秀运动员苗子的选拔工作。竞技体育不正之风的存在表明竞技体育参与主体的道德水平较低，体育道德的规约功能没有很好地发挥作用，要尽快完善竞技体育道德建设，借鉴其他省市优秀管理经验，整合道德建设规制方法。社会转型期遏制竞技体育不正之风无疑是一项长期而艰巨的任务，必须持之以恒，常抓不懈。

（三）天津市参加 2008 年奥运会的外部机遇

1. 北京奥运会协办城市的机遇

天津作为 2008 年奥运会的协办城市，不仅给天津带来许多直接收入、间接收入和派生收入，同时也将给天津带来许多发展机遇。从 2008 年奥运会足球预选赛，天津市获得奥运会的协办权开始，近年来，天津体育正在以一种日新月异的速度发展。天津市能够成为 2008 北京奥运会的协办城市之一，是国际奥委会、北京奥委会对于天津城市建设和开展体育工作的一种认可。天津作为 2008 年北京奥运会的协办城市之一，已经启动了搭乘"奥运班车"计划。目前,天津与北京已达成和正在洽谈的合作项目有 25 项,合作金额 80.85 亿元。其中正在实施的项目有 14 项,合作金额达 69.81 亿元。北京奥运会对天津发展的影响是现实的,也是长期的。它提高了天津城市载体功能,增强了经济的实力,促进了天津经济又好又快地发展。特别在经济领域,从 2006 年开始,天津的经济开始出现了一个逐步加速稳步增长的趋势。2006 年天津经济增长 14.5%,2007 年增长 15.1%,天津的经济增长说明北京奥运会的积极因素在整个经济和社会发展中不断地深入和逐渐显现出来。为全面提升城市载体功能,天津正在加快实施工业东移战略,发展滨海新区,积极吸引中央和北京企业到滨海新区"安家落户"。同时,加快了全市交通、通信、商贸、餐饮、物流、旅游、生态、体育、服务等基础设施的建设步伐,也加快了天津市产业、产品结构的调整步伐。同时,北京奥运会也为天津市体育产业的发展提供了良好的契机。

为迎接 2008 年北京奥运会天津赛区的赛事,我市在筹办过程中不仅考虑到赛事本身的筹备,同时还为今后民生体育的发展进行了精心策划。2007 年,市体育局投入体育彩票公益金 700 余万元,结合了农村体育"五个一工程"实施与文明生态村的建设,为 229 个村新建全民健身路径,并配合市旧楼区改造办,为 66 个社区配建了全民健身器材。

同年,我市举办了以"我锻炼、我健康、我快乐"为主题的青少年体育夏令营活动,以"阳光体育与祖国同行"为主题的青少年体育冬令营活动。同时,利用体彩公益金 58 万元对河西区、红桥区、河北区数所学校的体育场地向社会开放工作给予资助与扶持,并利用体彩公益金 48 万元创建发展了 12 个青少年体育俱乐部。全市结合中小学布局调整,在十几所高中示范校和部分高等院校建设了一大批高档次的体育设施。结合体育产业的开发,新一轮体育场馆改造和建设已经开始。全市以天津体育馆和人民体育馆为重点,加快把两馆建设成集健身、娱乐、休闲、餐饮、购物、旅游为一体的综合性、多功能的现代化体育城,以此带动全市区县体育场馆建设和改造。

2. 天津市实施竞技体育"金牌战略"的良好机遇

天津市体育局局长韩振铎谈及未来天津体育工作的发展方向时指出:"体育战线要以我国举办 2008 年奥运会为契机,以满足广大人民群众日益增长的体育文化需求为出发点,把增强人民体质、提高人民整体素质作为根本任务,把在奥运会上为国家多做贡献、在全运会上多拿金牌作为奋斗目标,以'金牌战略'作为新时期天津体育工作的总体思路,坚持竞技体育、群众体育、体育产业'三位一体'协调发展,努力实现天津体育的新跨越。""金牌战略"贯穿整个备战与参赛过程,为十运会的成功备战与参赛指引了正确方向,起着至为关键的作用。打破常规,不按部就班的发展模式,而以超常规的思路来指导工作。而且,这种超常规的思维方式已经成为大家在行动中的一种共识,一种自觉的意识,甚至渗入运动员的血液之中。在十运会上,天津运动员表现出了不畏强手、勇于争先的拼搏精神,这正是大家在实际行动中贯彻金牌思想的一种体现。而这种思想意识的提升对于天津体育健儿参加奥运会的角逐具有更加强大的动力,这远比只培养出一位著名运动员要更有意义。

近年来天津市的体育工作在市委、市政府的关怀和领导下,在各行各业的支持和体育工作者的不懈努力下,本市竞技体育近年来又有了长足的进步,在国际、国内一系列大赛中取得了令人瞩目的成绩。在坚持实施奥运争光计划,采取各种超常加快的措施,广大运动员、教练员志在最高的信念进一步确立,苦练创新、拼搏奉献的意识普遍增强,训练设施和环境不断改善,竞技体育的整体实力有了明显提高,着力培养了一批世界级尖子运动员,实现了奥运会金牌"零"的突破,竞技体育整体实力不断增强。

经过几年的努力,本市运动员的梯次队伍建设日趋合理,竞技体育的整体实力有了较为明显的增强,一批新人今年在国内外大赛上脱颖而出,表现出了较高的运动水平和发展潜能。

2004 年是全市实施"三步走"战略第二步目标的起始之年。全市各地区、各部门在市委、市政府的正确领导下,认真贯彻落实科学发展观和中央关于加强宏观调控的各项政策措施,主动适应新形势,按照市委提出的"整体推进,协调发展,追求高水平,实现新跨越"的总要求,进一步加大结构调整、技术创新和改革开放的力度,全面推进五大战略举措。全市经济持续、快速、协调、健康发展,各项社会事业全面进步,城市面貌发生新的变化,人民生活水平进一步提高,社会继续保持和谐稳定。

在金牌战略的指导下,天津市竞技体育实现新突破。在第 28 届雅典奥运会上,我市奥运健儿不畏强手,奋力拼搏,先后夺得三枚金牌、一枚银牌,创造了我市奥运成绩的新纪录。天津女排在 2004—2005 赛季又一次获得冠军,取得联赛三连冠的优异成绩。群众体育深入广泛开展。在国家颁布《全民健身计划纲要》十多年来,天津体育在市委、市政府的正确领导下,始终把发展群众体育事业、增强人民体质、促进社会和谐发展作为体育工作的根本任务,把极大满足广大市民时代健身需求作为体育工作的出发点和落脚点。经过各区县、各部门及全社会十多年来的努力,本市群众体育事业有了突破性的发展,全民健身活动取得了巨大的成就。全民健身的发展呈现出"政府领导、依托社会、全民参与"的良好局面,"亲民、便民、利民"多样化的全民健身服务体系基本构成。广大市民的健身意识普遍提高,体育健身已成为他们生活中的重要组成部分。据 2005 年统计,参加体育锻炼的人口增加到 46%;市民体质合格率为 71.9%,处于全国较高水平;群众体育设施明显改善,可供群众健身锻炼的体育场地设施增加到 8952 片,面积达 2300 万平方米,人均面积达到了 2.3 平方米;投入体育彩票公益金 1.2 亿元,在社区乡镇配建全民健身工程 1200 余个,兴建了体育公园、市民健身中心及山野运动基地等一批规模大、功能全的时尚健身设施;全民健身活动遍布城乡、学校、社区、乡镇、机关、厂矿、连队等行业,老年人、妇女、残疾人、少数民族等体育活动各具特色;社会群众体育组织方兴未艾,建立各类群众体育协会、俱乐部及市民健身指导站 3000 多个,培养社会体育指导员 15000 余名。

正是处在这样一个良好的历史机遇下,我们获得了承办 2008 北京奥运会足球项目的任务,这对于天津体育来说,同样是一件大事,是一个继续深化体育发展的良机。天津市竞技体育在超常加快发展"金牌战略"指导下,在体育工作者多年来的辛勤耕耘下,天津竞技体育进入了快速发展的历史性新阶段,天津市体育跨越式发展的大格局已经初步形成并且开始显示威力。在第 10 届全运会上,天津市体育代表团全线出击,派出了 30 支队伍、341 名运动员,参加了 24 个大项、90 个小项的比赛,共取得 15.5 枚金牌,13.5 枚银牌,11 枚铜牌的好成绩,在金牌榜上排全国 36 个代表团的第十位。

3. 经济水平的持续快速发展

经济是体育发展的基础,是推动体育事业发展的原动力。经济的发展为体育的发展创造了物质基础,同时经济水平的提高对体育也提出了更高的需求。改革开放近三十多年来,天津的经济正在逐步走向繁荣,竞技体育和群众体育的步步攀升也是有目共睹的。天津的经济繁荣和全面开放,使得一贯高标准、严要求的赛事组织者往往在第一时间就将我市列入比赛地点的候选地。最近十多年,天津的变化是罕见的。

2002 年天津市提前一年全面实现了"三五八十"四大奋斗目标,2003年实现了"三步走"战略第一步目标。"十五"期间,地区生产总值年均增长 13.9%,财政增长年均 24.1%,2005 年天津市人均生产总值达到 4300美元,2005 年财政收入 725.5 亿元,经济增长方式明显变化,三次产业优化升级,滨海新区纳入国家总体发展战略布局,综合科技进步水平居全国第三,教育走在全国前列。2005 年中国综合实力百强城市评比中,天津市综合实力明显提升,继续保持全国第五位,总得分达到 142.4340 分。十多年来,走出了一条符合科学发展观要求、具有天津特点的发展路子。

2006 年天津市生产总值(见图 4-2)已由 2002 年的 2051.16 亿元上升至 4337.73 亿元,增幅 111.48%,实现了翻番。在"十五"期间,天津市国民经济持续快速协调健康发展,GDP 年均增长 13.9%,增幅比全国平均水平(9.5%)高了 4.4 个百分点,经济总量占全国比重由 2000 年的

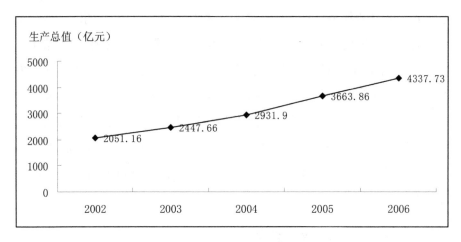

图 4-2　2002-2006 年天津市生产总值变化曲线

1.8%上升到 2%。城乡居民收入不断增加,生活水平稳步提高。经济的
快速发展无疑为天津竞技体育发展提供了坚实基础,是天津市发展竞技
体育的一大优势。

　　本研究认为,天津体育目前正面临着外部环境十分有利的大好形势,
具备了高速发展的有利条件,因此一定要抓住时机,全速驶入高速路,迅
速占据快行道。要扎扎实实地推进具有国际大都市特点、体现国际大都
市精神的体育事业蓬勃发展,兢兢业业地培育和塑造城市精神,为将天津
建设成一流体育城市做出贡献。近年来,天津正在刻意将自身的体育事
业打造成一张向世界宣传天津、展示天津的名片。体育的魅力来自活力
与激情,体育的追求在于超越和自强。在经济全球化的今天,体育的内蕴
变得更加丰富,其功能也更加强大,影响也更加广泛。体育不仅可以在一
个地区、一个城市营造出浓郁的竞争氛围,还可以展现城市的精神品格和
文化追求。天津是一个有着非常优越的地理位置和人文资源的城市,这
是我们拥有的向外拓展空间的强大优势,天津体育就是要充分利用优势
做文章。我们要在持续发展的历史要求下,利用体育这个平台,提升城市
文化含量,培育城市的进取精神;通过举办奥运赛事的机会,树立城市和
人民的新形象,展示新风貌,凸显这座城市特定的精神品格和追求。

(四)天津市参加 2008 年奥运会的外部挑战

1. 体育强省的外部挑战

竞技体育讲究的是实力,而实力的决定因素很大程度取决于各省市的重视程度和投入。在奥运会这样规模大、项目多、竞争力强的盛会中,体育大省的地位不是一朝一夕就可以被撼动的。体育大省可以东边不亮西边亮,而作为体育小省的天津竞争面狭窄,可冲击的优势项目数量不多,劲头有限,若失去了优势项目的金牌,要想在弱项中获得意外收获的机会将小之又小。

通过对天津市各个竞技体育项目进行分析可以发现,击剑、柔道、网球、武术和女排的综合竞争力最强,这几个项目构成了天津市竞技体育的核心竞争力。虽然核心竞争项目的数量正在逐年稳步增加,但与综合竞争实力较强的省市和地区相比仍然存在较大的差距。而且部分项目也正在经受来自其他省市的压力,整体相对优势逐渐减小,也就导致了核心竞争力相对优势逐渐减小。另外,与天津具有相似项目优势的省份在新一轮备战中表现突出,无形中加大了天津优秀运动员"出圈"的竞争压力。第 10 届全国运动会上,天津体育代表团斩获多枚金银铜牌,不但实现了金牌和奖牌均超历届的目标,更是首次在奖牌榜上进入全国前十名,创造了天津市体育史上的重大突破。在看到天津竞技体育丰硕成果的同时,也应该认识到天津市竞技体育成绩并不能切实展现其奥运竞争实力。客观分析天津市竞技体育参加国际竞争的实力,做好正确的目标定位,是天津市参与北京奥运,实现新高的必然之路。

2. 在全运会"第二军团"中面临强力挑战

从十运会的比赛成绩可以明显地看到,江苏、广东、山东、北京、辽宁、浙江、上海形成的"第一军团",有着夺金拿银的绝对实力。除了"第一军团",中间十个代表团的竞争激烈程度不比"第一军团"的竞争逊色,他们能够争夺的金牌不是很多,但是每一枚金牌的得失都有可能改变他们的排名。天津与福建、黑龙江、河南、河北五个代表团的实力在"第二军团"中属于第一档次,他们没有对"第一军团"造成很大冲击,主要原因是他们只能在金牌不是很多的少量几个强项中夺金,夺金的机会必然大减。而湖南、四川、江西、吉林、山西等代表团则属于"第二军团"的第二档次,他们的竞争也同样激烈。四川、江西同为12枚金牌,吉林、山西的金牌数均是10枚,他们的位次是以银牌来确定的。当然,以他们目前的实力想冲进第一军团是不大可能的,但他们要提升到第二军团的第一档次却不是没有可能。因此,天津市面临的竞争态势不容松懈。

3. 全运会成绩虽有突破,但多数金牌含金量不高,尚不具备 2008 年奥运会争金夺银的实力

尽管在十运会和28届奥运会上天津实现了历史性的重大突破,但也应清醒地看到自己的差距。在十运动会上,所获金牌数比第一位的江苏和第二位的广东分别少40.5枚和30.5枚,与第十一位的河南相比,只在银牌上略占优势,领先第12位的河北也只有0.5枚。天津无论金牌总数还是团体总分与位次在前的省市相比,都有较大的差距,与位次在后的省市相比,优势十分微弱。在天津市运动员的成绩当中,多数项目的金牌含金量不高,尚不具备在奥运会等国际大赛中争金夺银的实力。此外,通过分析天津市的潜优势项目的成绩可以发现,该项目类群各个项目的成绩与国内的领先水平差距较大。也就说明如果天津的优势项目不再具有优势的话,"潜优势"项目则无法在短时间内弥补这一断层,势必造成天津市整体竞技体育竞争实力的真空。这些事实都为我们迎战2008年奥运会提出了严峻的挑战。

第五章

实证调查：
新时代天津市竞技人力资源现状

从强调对物的管理转向对人的管理，是管理学领域一个划时代的进步。而把人当作一种在组织激烈的竞争中生存、发展、始终充满生机和活力的特殊资源来刻意地发掘、科学地管理，已经成为当代先进管理思想的重要组成部分。在当今竞技体育激烈追逐的时代，一个国家和地区竞技体育的成败主要取决于能否充分发挥竞技体育成员的干劲和能力，产生以一当十、从百当千的乘数效应。完善的秩序还需要合适于人，人也合适于他的位置。

现代经济学中的人力资本概念是相对于物质资本或非人力资本而言的。人力资本投资是竞技体育生产过程所必需的，与用于购买各种生产资料的投资是相同的。竞技体育的资源配置就是社会资源配置。现代经济学认为，社会资源一般通过市场竞争机制和财政机制两种方式来配置。两种机制的主题不同，配置所起的作用就不同。市场机制主要通过商品价格、要素价格来实现资源流量和流向的优化配置，它的配置对象主要是私人产品；而财政机制主要通过计划来配置资源，其配置对象主要是公共产品。在市场经济体制下，竞技体育的资源主要由市场供求机制和利益机制来配置，其配置主体是市场。目前中国社会正处在计划经济和向市场经济转轨的两种体制并存的双轨制阶段。计划体制和市场体制共同对竞技体育运行的社会资源配置起作用，只是有主次之分。计划配置在实现竞技体育公益性和事业性方面起作用；而市场配置在竞技体育的产业性方面起作用。两者有着一定的联系，不是截然对立的，同时对竞技体育的资源配置起着作用。

随着改革不断深入，我国各领域的管理都先后历经从计划经济封闭型、粗放型向市场经济开放型、集约型转变。竞技体育人才培养模式正由举国体制逐步转向多元化,在此过程中既受到行政干预,又受到市场冲击,面临保持成绩和转型发展的双重要求。我国的计划经济体制正在向市场经济体制转变,原来建立在计划经济体制基础上的体育管理体制由于各种原因已经滞后于市场经济的发展,竞技体育的发展理念和模式都在不断地更新变化,竞技体育人力资源的培养模式也将发生改变。

本部分首先对天津市竞技人力资源现状进行调查与分析,而后制定我市参加 2008 年奥运会竞技人力资源培育方案,从而为实现我市科学、有效的竞技人力资源管理提供可操作途径。

一、天津市竞技人力资源总体情况

本课题通过问卷调查、文献搜集、数理统计等方法对天津市竞技体育人力资源现状进行了客观详实的调查分析。在问卷调查上以天津市竞技人力资源现状和政策环境为主要内容。问卷的设计和内容主要从填写人基本情况、单位基本情况、单位人力资源制度建设情况、单位人力资源管理状况、单位人力资源的状况五大部分内容进行设计(问卷见附件 1)。

天津市竞技人力资源现状调查结果显示,人员主要集中在管理人员、教练员、运动员、裁判员、科研人员、医务人员上。从分布情况看人员配置比较完善,但是学历和职称层次不够高,虽年龄较大,但业绩不够突出。

(一)天津市运动员发展现状分析

以前的各级运动队、体育运动学校等部门应该重视哪个项目、要选拔多少运动员训练,几乎完全受中央或地方体委指令,人才为部门单位所有,统分统配,基本不用考虑失业问题,一岗定终身。体育资源的供给是属于计划型的,资源配置主权在计划者——国家体委手中,因而,资源配置以奥运奖牌为价值取向,奥运会每增加一个项目,国家体委就会及时增加人、财、物的投入,保证在各种国际比赛中获得奖牌。竞技体育是高投入事业,需要强有力的经济基础作后盾,举国体制及其这种体制下人力资源的配置方式是适应社会环境下办大事的需要而产生的,形成和发展了具有一定特点的我国竞技体育人力资源培养、使用和管理的体系,在较短的时间内,培养了一大批优秀的体育人才。近年来随着市场经济的深入,国家竞技体育人才培养渠道的不断拓展,运行管理形式不断变化,竞技体育将逐渐从单一的专业队培养模式向社会化、多元化培养模式转化,天津市从运动员选拔、培养和运动项目设置分配上都有了明显的改观。从1998—2004 年天津市运动员发展的统计数据可以看出,天津市每年运动员发展人数保持在 1100 人左右,7 年间运动员的总数呈现上升趋势。一级运动员发展人数虽然逐步上升,但每年的绝对数量偏少,二级运动员发展人数在 2000—2003 年每年逐步增加,2004 年略有下降(见表 5-1)。

表 5-1　天津市运动员裁判员发展人数

项目	年份	合计		一级		二级	
		总数	女性	总数	女性	总数	女性
运动员	1998 年	925 人	380 人	66 人	36 人	859 人	344 人
	1999 年	1152 人	416 人	151 人	47 人	1001 人	369 人
	2000 年	1126 人	442 人	48 人	20 人	1078 人	422 人
	2001 年	1014 人	403 人	51 人	26 人	963 人	377 人
	2002 年	1112 人	572 人	64 人	28 人	1048 人	544 人
	2003 年	1283 人	538 人	72 人	36 人	1211 人	502 人
	2004 年	1250 人	533 人	86 人	37 人	1164 人	496 人

项目	年份	合计		一级		二级	
		总数	女性	总数	女性	总数	女性
裁判员	1997 年	247 人	94 人	84 人	34 人	163 人	60 人
	1998 年	654 人	202 人	323 人	95 人	331 人	107 人
	1999 年	429 人	129 人	111 人	38 人	318 人	91 人
	2000 年	349 人	105 人	30 人	21 人	319 人	84 人
	2001 年	393 人	115 人	57 人	21 人	336 人	94 人
	2002 年	395 人	130 人	71 人	23 人	324 人	107 人

多年来,天津竞技体育后备人才资源虽保持稳定增长的优势,但由于粗放型的管理和开发模式,长期存在着资源优化差的问题。具体表现在:①优势项目少,顶尖运动员少。击剑、游泳、武术和女子柔道是天津市的传统优势项目,女排、网球、花样游泳、棒球成为本届全运会的优势项目,但整体的夺金点不多。虽然在十运会上涌现出一批新秀,但尖子运动员整体数量偏少,很难形成竞争群体优势。②田径、游泳等基础大项人力资源基础薄弱,三大球(除女排)后备人才资源质量有待提高。

(二)天津市裁判员发展现状分析

由前文可知,1998—2000 年,四年间天津市竞技人力资源的裁判员的发展起伏较大;在 2001—2002 年期间裁判员的发展人数有所稳定。一级裁判员培养数量较少,整体来看天津市裁判员人数的发展不够稳定。近年来随着天津市经济快速发展,竞技体育有了新的突破,同时天津市举办竞技赛事的机会也不断增加,对裁判员的需求数量和质量提出了更高的要求。

(三)天津市竞技人力资源制度建设现状分析

在人力资源制度建设上,天津市体育部门无职工手册,单位发展战略人力资源规划正在建立,岗位管理办法正在拟建。

(四)天津市竞技人力资源规划现状分析

通过调查得知,天津市在竞技人力资源规划方面已全面启动竞技体育可持续发展的后备人才工程,本市已确定体育后备人才的培养以奥运为最高目标,以本市竞技体育优势项目为重点,发挥本市体制的优势,充分调动社会各方面的积极性,整合资源,加强基层基地建设,鼓励支持社会和个人兴办实体化俱乐部,建立多层次多形式的业余训练体系,进一步健全优秀后备人才培养的激励机制和奖励政策。

二、实证调查:"体育强市"战略目标下天津市竞技体育项目布局与调整

在2009年结束的第11届全运会上,天津体育健儿大力发扬"天津女排精神",牢记光荣使命,不畏强手,团结拼搏,勇夺23枚金牌、14枚银牌和15.5枚铜牌,名列金牌榜第八位,实现了天津竞技体育的新跨越,近年来我市实施"金牌战略"的工作思路取得明显成效,圆满实现了新时期"金牌新突破"的奋斗目标。

市委常委、市委教育工委领导在迎接和祝贺天津体育代表团凯旋之时,希望天津体育战线全体同志按照市委、市政府的决策部署,以第11届全运会为新起点,再接再厉,不断提高训练和管理水平,努力培育更多优势项目,创造更加优异的成绩,为建设体育强市,推动天津经济社会又好

又快发展做出更大贡献。

表 5-2　天津市参加的近五届全运会成绩汇总

	第七届	第八届	第九届	第十届	第十一届
名次	20	19	17	10	8
金牌数	5	5.5	8	15.5	23
奖牌数	27	23.5	25	40	52.5

2008 年北京奥运会后,中国体育进入转型期,开始逐步实施"建设体育强国战略"。2010 年全国体育局局长会议上,时任国家体育局局长刘鹏提出,竞技体育项目发展目标应定位于"优化结构、提高效益,实现竞技体育内部各门类的均衡发展,影响大的基础大项和集体球类项目具备较高水平"。

未来时期我市竞技体育发展如何适应"建设体育强市"的需要,又如何保持与中国体育"建设体育强国战略"步调一致,无疑成为当前我们需要认真考虑的重要课题。竞技体育项目的布局,发挥着"指挥棒"作用,在很大程度上决定着竞技体育资源的配置导向,且对一段时期内竞技体育的发展具有战略指导意义。鉴于此,本课题通过问卷的形式,从"天津市竞技体育相关现状""新阶段天津市竞技体育项目布局指导思想定位"和"新阶段天津市竞技体育项目布局调整实施对策"三个大的方面,向天津市竞技体育领域的相关领导、专家学者、项目管理人员和教练员(共计139 人)进行了调查,旨在为天津市实现"体育强市"的战略目标服务。

(一)天津市竞技体育相关现状的调查分析

1.关于天津市竞技体育优势项目的调查分析

透视第 11 届全运会上天津代表团表现,既有传统优势项目的稳定发挥,潜优势项目的努力突破,也有落后项目的迎头赶上和黑马项目的惊艳照人。优异成绩的获得在很大程度上意味着竞技优势的确立。那么,哪些运动项目可以称之为天津市竞技体育的优势项目呢?

表 5-2　天津市竞技体育主要优势项目认同度一览表　(N=139)

项目	频数	%	项目	频数	%	项目	频数	%
1 女排	139	100	7 武术	95	68.3	13 田径	39	28.1
2 网球	131	94.2	8 女子水球	95	68.3	14 跆拳道	36	25.9
3 柔道	123	88.5	9 棒球	93	66.9	15 足球	17	12.2
4 击剑	122	87.8	10 自行车	71	51.1	16 曲棍球	1	0.7
5 跳水	105	75.5	11 乒乓球	53	38.1	17 蹦床	1	0.7
6 体操	95	68.3	12 举重	48	34.5	18 藤球	1	0.7

调查结果表明(见表 5-2):被调查者认同度较高的前五位分别是女子排球(100%)、网球(94.2%)、柔道(88.5%)、击剑(87.8%)和跳水(75.5%)。

另外超过半数(50%)的被调查者认同体操、武术、女子水球、棒球和自行车为天津的优势项目。

而乒乓球、举重、田径、跆拳道、足球、曲棍球、蹦床以及藤球的认同度相对比较低。

由此可见,如果按认同度超过 50%来定位,女子排球、网球、柔道、击剑、跳水项、体操、武术、女子水球、棒球、自行车十个项目为天津竞技体育的优势项目。相对而言,乒乓球、举重、田径、跆拳道为潜优势项目,而曲棍球、蹦床和藤球为较为弱势项目。此项调查对今后天津市确立竞技项目的布局和发展具有一定的参考价值。

2.关于天津市竞技体育项目布局现状情况的调查分析

大家对目前天津市竞技体育布局现状的评价如何呢?调查结果显示(表5-3),仅有6.5%的被调查者(9人)认为目前天津市竞技体育项目布局"很好",54.7%(76人)认为"较好",另有38.8%(54人)认为"一般"。这表明被调查者对目前我市竞技体育项目布局基本比较认可,但仍需在现有基础上继续完善。

表5-3 天津市竞技体育项目布局的现状情况统计表

	人 数	百分比
很 好	9人	6.5%
较 好	76人	54.7%
一 般	54人	38.8%
总 计	139人	100%

另一项调查结果也充分证实了这一点,在问及"如果要进一步提高天津市竞技体育的水平,您认为是否有必要对项目布局进行改善?"时,见表5-4,71.2%的被调查者认为"很有必要",28.8%的认为"有必要"。表明所有被调查者认为有必要对目前我市的竞技体育项目布局作出调整。从侧面反映了目前天津市竞技体育项目发展存在一定问题,亟须明确以待进一步调整。

表5-4　天津市竞技体育项目布局进行改善的必要性态度

	人 数	百分比
很有必要	99 人	71.2%
有必要	40 人	28.8%
总 计	139 人	100%

3. 关于天津市竞技体育项目布局调整支持条件现状的调查分析

在场地设施方面,调查结果显示(表5-5),仅有9.4%的被调查者认为目前天津市竞技体育训练的场地设施能够"完全满足"项目布局调整的需要,33.1%认为"可以满足",31.7%认为"不好说",25.9%认为"不能满足"。

这表明目前我市竞技体育训练的场地设施与项目布局调整的需要不太吻合,不能完全满足项目布局调整的需要;这一结果提示我们,如果我们要对项目布局进行调整,必须对竞技体育训练的场地设施进行相应的配套完善,这是满足项目布局调整的可行性保障条件。

表5-5　对"我市场地设施能否满足项目布局调整需要"的态度

	人 数	百分比
完全满足	13 人	9.4%
可以满足	46 人	33.1%
不好说	44 人	31.7%
不能满足	36r	25.9%
总 计	139 人	100%

在教练员队伍总体水平方面,调查结果显示(表5-6),对于"天津市竞技体育教练员队伍总体水平是否满足项目布局和发展的需要?"这一问题,仅有2.2%(3人)的被调查者认为"完全满足",28.8%(40人)的认为"可以满足",29.5%(41人)的认为"不好说",39.6%(55人)的认为

"不能满足"。

这表明目前我市竞技体育教练员队伍总体水平对项目布局调整的支持度较差,急需提高教练员队伍总体水平,为满足项目布局调整提供保证。

表 5-6 天津市竞技体育教练员队伍总体水平对项目布局发展的支持度

	人 数	百分比
完全满足	3 人	2.2%
可以满足	40 人	28.8%
不好说	41 人	29.5%
不能满足	55 人	39.6%
总 计	139 人	100%

4. 关于天津市竞技体育管理体制现状的调查分析

在涉及"您认为目前天津市竞技体育管理体制是否能够满足我市竞技体育发展的需要?"这一问题时,调查结果见表 5-7,仅有 4.3%(6 人)的被调查者认为"完全可以",28.8%(40 人)的认为"可以",33.1%(46人)的认为"不好说",27.3%(38 人)的认为"不可以",另有 6.5%(9 人)的选择"完全不可以"。

这表明我市竞技体育管理体制虽然在一段时期内对我市竞技体育取得辉煌成绩提供了保证,但随着竞技体育竞争的日益激烈,目前管理体制在某种程度上还不能完全满足竞技体育发展的需要,因此,我们必须对现有的竞技体育管理体制进行改革和完善,强化体育行政部门的宏观调控和行业管理的职能,建立起办事高效、运转协调、行为规范的,具有中国特色的竞技体育管理体制和运行机制,使其更好地为竞技体育发展服务。

表 5-7　天津市竞技体育管理体制对我市竞技体育发展的支持度

	人　数	百分比
完全可以	6 人	4.3%
可以	40 人	28.8%
不好说	46 人	33.1%
不可以	38 人	27.3%
完全不可以	9 人	6.5%
总 计	139 人	100%

(二)新阶段天津市竞技体育项目布局指导思想定位调查分析

1.关于"保优、强特、补缺"总方针支持度调查分析

根据天津市竞技体育发展的需要,基于天津竞技体育目前的发展基础和条件,我市制定了"保优、强特、补缺"的竞技体育工作指导总方针。对于此方针的支持度调查结果显示(见表 5-8),84.9%的被调查者(118人)表示"非常赞成",14.4%(20 人)表示"比较赞成",仅有 1 人(0.7%)认为该方针"一般"。表明几乎所有被调查者赞成新阶段制定的"保优、强特、补缺"总方针。

表 5-8　"保优,强特、补缺"方针的支持度

	人　数	百分比
非常赞成	118 人	84.9%
比较赞成	20 人	14.4%
一般	1 人	0.7%
总计	139 人	100%

2.关于"保优"内涵与发展目标支持度的调查分析

本课题将"保优"内涵与发展目标描述为"天津竞技体育优势项目的发展必须结合奥运金牌战略,在抓好大项优势的基础上,着力使小项的优势更优,要在国际体坛上确立优势突出地位"。对此描述的支持度情况表明(表5-9),有79.9%的被调查者(111人)表示"非常赞同",另有18.7%(26人)的被调查者表示"比较赞同",选择"一般"的只有2人。

表5-9 "保优,强特、补缺"方针的支持度

	人 数	百分比
非常赞成	111人	79.9%
比较赞成	26人	18.7%
一般	2人	1.4%
总计	139人	100%

(三)新阶段天津市竞技体育项目布局调整实施对策调查分析

1.关于竞技体育项目调整方式的调查分析

对于天津市竞技体育项目的现有基础和条件,如何来进一步优化项目布局,以期在新的阶段获取更大的成绩,是一个重要而又迫切的现实问题。竞技项目的调整,一般来讲主要有三种方式:一是根据空缺增设新大项;二是在原有大项上补充新的小项;三是删减成绩较差项目。

表 5-10　专家对天津市竞技体育项目调整方式的认同度　（N=124）

序号	认同内容	频数	百分比
1	在原有大项上补充新的小项	77	62.1
2	根据空缺增设新大项	46	37.1
3	删减成绩较差项目	36	29.0
*	布局并抓好基础项目和青少年以及大众喜欢的项目	1	0.8

对于天津市竞技体育项目的调整方式,我们对天津市 124 名专家和教练员进行了问卷调查。结果表明(见表 5-10):62.1%的被调查者认同"在原有大项上补充新的小项";"根据空缺增设新大项"得到 37.1%的认同度。而"删减成绩较差项目"的认同度相对较低,为 29%。其中一名教练员额外提出:天津市竞技项目的调整布局要抓好基础项目和青少年以及大众喜欢的项目。由此可见,总体上被调查者首先是认同在天津市原有竞技体育大项上补充新的小项,其次是根据空缺来增设新的大项。而对于删减成绩较差项目,主要是基于投资和收益严重失衡的项目;布局并抓好基础项目和青少年以及大众喜欢的项目,主要是基于有利于竞技后备人才的可持续发展而提出的合理建议。

2.关于竞技体育新增项目的调查分析

新的阶段,天津市竞技体育要上新台阶,则需要在现有的基础上开拓创新,增设新的项目,培育天津市新的竞技体育竞争增长点。但是,竞技体育项目的增设布局,需要结合天津各方面的实际情况,必须考虑天津市的现有竞技实力、潜力、弱势以及人文地理环境等因素是否适合某些项目发展的需要。

对于天津市竞技体育项目新布局中需要增补哪些项目,我们对天津市 139 名专家和教练员进行了问卷调查。结果表明(见表 5-11):认同度较高的前五个项目分别是羽毛球(77.0%)、女子篮球(56.8%)、女子手球(51.1%),以及认同度接近半数的水上项目和射箭。而其他诸如铁人三项、现代五项、冬季项目、蹦床、射击、马术、拳击、摔跤及男排等项目则认同度较低。

由此可见,被调查者总体上对增补羽毛球、女篮、女手、水上项目、射箭五个项目具有相对较高的认同度。说明相较于大众接受度低或者大众不太熟知的项目来说,专家和教练们也充分考虑到未来新培育项目的公众接受程度和支持程度这一关键因素,从一定程度上也是表现了不同项目的未来发展潜力。

表 5-11 专家对天津市竞技体育增设的主要项目认同度一览表 （N = 139）

项目	频数	%	项目	频数	%	项目	频数	%
1. 羽毛球	107	77.0	6. 铁人三项	23	16.5	11. 马术	9	6.5
2. 女子篮球	79	56.8	7. 现代五项	23	16.5	12. 拳击	1	0.7
3. 女子手球	71	51.1	8. 冬季项目	12	8.6	13. 摔跤	1	0.7
4. 水上项目	67	48.2	9. 蹦床	11	7.9	14. 男排	1	0.7
5. 射箭	57	41.0	10. 射击	10	7.2			

3. 关于区县项目布局与全市项目布局一致性认同度的调查分析

具体到各个区业余训练布局是否应与我市开展运动项目相一致的问题,调查结果表明(表 5-12) :有 55.4% 的被调查者(77 人) 认同"应该",有 33.1%(46 人) 认为应该实行重点布局,另有 11.5%(16 人) 认为各个区县业余训练布局不一定必须与我市开展运动项目相一致。

表 5-12 区县项目布局与全市项目布局一致性认同度调查结果

	人 数	百分比
应该	77 人	55.4%
不一定	16 人	11.5%
实施重点布局	46 人	33.1%
总计	139 人	100%

4. 关于教练员队伍建设的调查分析

竞技体育的发展离不开教练员队伍的建设发展。目前天津市竞技体育教练员的水平和项目分布都不均衡。因此如何解决教练员人才培育和配置的问题，也是关乎天津市竞技体育能否取得新突破的关键环节。

(1) 教练员队伍建设指导方针支持度的调查分析

在天津市竞技体育人才资源管理方面，为了确保天津竞技体育优势项目的水平保持或更优发展，这就需要坚持"走出去"和"请进来"相结合的指导方针，既要请世界级的教练和运动员来天津执教或交流，也要创造条件使自己的教练员和运动员多走出去，在世界强队中学习锻炼、发展提高，以实现天津优势项目更优的目标。对此指导方针的调查结果（表5-13）表明：有82.7%的被调查者（115人）表示"非常赞同"，有14.4%（20人）表示"比较赞成"，另外有2.9%（4人）认为这种思路"一般"，其实际意义不大。

表5-13　教练员队伍建设指导方针支持度

	人 数	百分比
非常赞成	115 人	82.7%
比较赞成	20 人	14.4%
一般	4 人	2.9%
总计	139 人	100.0%

(2) 对天津市解决教练员人才途径的认同度的调查分析

对于天津市如何解决教练员人才问题，我们对天津市139名专家和教练员进行了问卷调查。结果表明（见表5-14）：77%的被调查者认同"完善培训机制，本地培养"；"直接引进高水平教练员"得到52.5%的认同度。而"选拔教练员到高水平地区学习"的认同度不到一半（42.4%）。其中两名教练员额外提出：教练员队伍建设要"立足专项早选拔培养，重才而不重关系"。由此可见,总体上被调查者首先认同通过天津市本地培养的途径来解决教练员人才问题;其次是直接引进高水平教练员或选拔教练员到高水平地区学习。不论是教练员还是运动员,其培养体制和质量提升的工作首先应解决内部问题,即自我管理体制优化,在此基础上同外交流学习,内外相结合,才能更好地提升我国竞技体育人才问题,推动竞技实力的综合提高。

表 5-14　对天津市解决教练员人才途径的认同度　（N=139）

解决教练员人才途径	频数	百分比
1.完善培训机制,本地培养	107	77.0%
2.直接引进高水平教练员	73	52.5%
3.选拔教练员到高水平地区学习	59	42.4%
※立足专项早选拔培养,重才而不重关系	2	1.4%

5.关于运动员队伍建设的调查分析

运动员是训练、竞赛的主体,是竞技水平高低的直接体现者。天津市竞技体育的发展,从根本上讲,首先需要解决竞技体育人才问题。那么,在新的发展阶段,天津市应该如何来解决运动员人才问题?

对于天津市如何解运动员人才问题,我们对天津市 139 名专家教练员进行了问卷调查。结果表明(见表 5-15):"完善选材机制""完善竞技体育激励机制""加强体教结合"以及"引进后备运动员",都获得了半数以上的认同度。而"直接引进高水平运动员"的认同度不高(只有11.5%)。另外,需要指出的是,有些教练员额外提出了一些宝贵的建议,比如,加强培养业余训练后备人才;解决运动员后顾之忧,提高运动员待遇,解决人才流失;人才引进和交流,重视与外省市、解放军联合培养,资源共享合作双赢;积极有效地发挥退休优秀教练员的才能等,尽管是个别教练员提出,同样值得重视和借鉴。从调查结果看,目前天津市竞技人才管理确实存在突出问题,完善选材、激励等内部机制成为被调查者的强烈共识,因此亟须进一步明确症结,有针对性地提出有效的措施,完善竞技体育内部不同环节管理机制,保障天津市竞技体育协调运转。

表 5-15 专家对天津市解决运动员人才途径的认同度一览表 (N = 139)

	解决天津市竞技体育人才途径	频数	百分比
1	完善选材机制	92	66.2%
2	完善竞技体育激励机制	88	63.3%
3	加强体教结合	84	60.4%
4	引进后备运动员	78	56.1%
5	直接引进高水平运动员	16	11.5%
6	加强培养业余训练后备人才	5	3.6%
7	解决运动员后顾之忧,提高运动员待遇,控制人才流失	2	1.4%
8	人才引进和交流重视与外省市、解放军联合培养,资源共享合作双赢	1	0.7%
9	积极有效发挥退休优秀教练员的才能	1	0.7%

6. 关于竞技项目管理体制改革的调查分析

在项目管理体制改革方面,调查结果(表 5-16)显示:有 52.5% 的被调查者(73 人)认为"应该"建立与国家体育总局对应的项目管理体制;有 3.6%(5 人)认为应该"坚持目前体制";有 40.3%(56 人)认为是否进行体制改革应该"根据实际具体情况"而定;有 3.6%(5 人)认为改革是一个长期的过程,应该"逐步推进"。

表5-16　建立与国家体育总局对应的项目管理体制的态度

	人　数	百分比
应该	73 人	52.5%
坚持目前体制	5 人	3.6%
根据实际情况决定	56 人	40.3%
逐步推进	5 人	3.6%
总计	139 人	100%

（四）小结

第一，天津市竞技体育相关现状的调查分析表明：现阶段天津市竞技体育的优势项目为女子排球、网球、柔道、击剑和跳水；目前天津市竞技体育布局现状总体较好，但仍需进行完善；而要进行项目布局的调整，必须对竞技体育训练的场地设施进行相应的配套完善，急需提高教练员队伍总体水平，必须对现有的竞技体育管理机制进行改革和完善。

第二，新阶段天津市竞技体育项目布局指导思想定位的调查分析表明：根据天津市竞技体育发展的需要，基于天津竞技体育目前的发展基础和条件，天津市制定的"保优、强特、补缺"的竞技体育工作指导总方针是非常合理的。其中，"保优"内涵与发展目标为"天津竞技体育优势项目的发展必须结合奥运金牌战略，在抓好大项优势的基础上，着力使小项的优势更明显，要在国际体坛上确立优势突出地位"。

第三，新阶段天津市竞技体育项目布局调整实施对策的调查分析表明：天津市竞技体育项目的调整方式上应采取"原有竞技体育大项上补充新的小项"和"根据空缺来增设新的大项"；未来时期天津市竞技体育项目新布局中需要增补羽毛球、女篮、女手、水上项目、射箭五个项目；直辖各区业余训练布局应与全市开展运动项目保持一致；教练员队伍建设指导方针应坚持"走出去"和"请进来"相结合；在解决教练员人才问题上，主要通过本地培养、直接引进，或选拔教练员到高水平地区学习；在解决运动员人才问题上，主要通过"完善选材机制""完善竞技体育激励机制""加强体教结合"以及"引进后备运动员"来解决；在项目管理体制改革方面，应该建立与国家体育总局对应的项目管理机制，但需"逐步推进"。

三、影响天津市竞技体育人力资源的因素分析

我国竞技体育人力资源配置失衡是众多因素"合力"作用的结果，既有历史的原因，也受现行经济运行机制、竞技体育运行机制的局限。人力资源配置方式不仅与一定经济条件下具体的体育管理模式有关，还与一定经济条件下的体育自身的发展水平相联系。天津市的竞技人力资源同样受到以上因素的制约。通过对天津市人力资源现状调查发现，概括起来主要有以下几个方面。

（一）社会经济基础因素

如果说竞技体育属于精神文明建设的一个方面，经济基础就更是物质文明建设的层面领域了，那么经济基础决定上层建筑。由精神文明和物质文明之间的关系，竞技体育作为精神文明建设的一个部分，而经济基础又是物质文明的直接体现，循此推理经济发展水平与体育，尤其是竞技体育，具有不可分割的内在联系。经济基础建设是竞技体育的物质基础，竞技体育是经济基础建设的一种表现形式。同时，竞技体育经济建设发展具有不同程度的影响。

在中国竞技体育是高投入事业，经济是竞技体育发展的基础保障，竞技体育的发展水平一定程度上反映了一个国家和地区的综合经济实力。人们预测一个国家在奥运会上的表现时，很大程度上是根据该国的经济

发展水平而定。社会经济基础的客观经济学指标(如社会总产值、工业总产值、人均社会产值、基本建设投资和居民消费水平,等等)直接反映了一个国家的经济发达水平。经济为竞技体育资源投入提供了物质保证,是竞技体育资源投入的基础和条件。从总体来看,随着改革开放的深化和竞技体育产业化的发展,竞技体育资源中来自非政府的资源投入近年来有所增加,依靠政府财政为单一投资渠道的状况有所改观,但总的说来多个竞技体育资源投入主体的渠道还未形成,天津市在组织竞技体育资源配置的过程中,主要依赖于现有的资源拥有程度,因此天津市竞技体育人力资源总量普遍存在不足。

随着改革开放的不断深化,我国国民经济快速稳步发展,人均 GDP 逐年增高,体育产业化的快速发展等经济环境的优化有利于竞技体育的发展。天津市人民生活水平同欧美发达国家相比正处于低起点的迅速上升期。因此,天津市现行人力资源实行计划配置是历史的选择,是社会选择。只有当天津市的社会经济基础发展到相当水平时,竞技体育才能谈得上社会化,人力资源才能实行市场配置。但随着经济的发展,各项社会主义建设事业健康发展、人民生活水平日益提高、国民经济综合实力不断增强的大好形势推动下,我国的竞技体育也得到了迅速的发展。竞技体育人力资源配置方式应逐步发展变革来适宜社会的进步和天津的发展。

(二)政策因素

政策因素主要是指一定时期为实现竞技体育资源配置的优化、竞技体育的发展而制定的各项政策与制度的总和。它对竞技体育资源进行分配和调节起到政治措施的作用,是调整竞技体育资源配置过程中社会关系的规范总和。一般来说,国家的法规政策规定了竞技体育人力资源活动的外部边界。我国早期的竞技体育赛事筹备和人力资源的调配通常由政府主导,体育赛事组织的人力资源一般是从政府机构和行政事业组织中借调和选派的工作人员,而现在多元化的人力资源配置方式相较于传统的配置具有先进性和效率性,但仍不能完全脱离政府的调控。合理运用相关政府政策,对于竞技体育人力资源工作更能达到效果。

20世纪50年代群众体育曾出现轰轰烈烈、热热闹闹的场面。至六七十年代,"举国体制"模式在中国体育界开始确立,并且在十年动乱结束以后,有人提出了"以竞技体育为先导","把工作重点转移到竞技体育上来","体育超经济发展,竞技体育超群众体育发展"的"两个超前"等说法。在相当长的一段时间内,我国的体育事业是将较大的精力用在了争夺世界竞技体育金牌大战上。在1984年洛杉矶奥运会实现金牌"零"的突破后,我国基本上确立了"奥运会战略";1988年汉城奥运会失利,社会心理难以承受这种失败的压力,迫切需要提高竞技体育水平,原国家体委在1989年6月正式颁布了《全国体育运动单项竞赛制度》试行方案,利用竞赛杠杆的作用调控各运动项目,保证奥运会重点项目的发展。到1991年,正式确立了16个奥运会重点项目,提出优先保证和重点扶持最经济类项目。1992年巴塞罗那奥运会出现了再度辉煌,1995年7月6日,原国家体委又颁布了《奥运争光计划纲要》,以纲领性的文件以及相关配套措施保证了竞技体育的发展,奥运争光计划实质上是金牌战略。由于这些政策的实行,对奥运项目与非奥运项目,奥运优势项目、潜优势项目与一般项目进行严格科学的布局,调整运动员的项目结构,人、财、物的投入发生倾斜是显而易见的。2002年天津市召开了体育工作会议,并下发了《中共天津市委、天津市人民政府关于贯彻落实〈中共中央、国务院关于进一步加强和改进新时期体育工作的意见〉的实施意见》,切合实际的举措,富有成效的招法,将天津竞技体育的基础夯实,成为天津竞技体育实现新时期新跨越的基石。天津竞技体育2004年雅典奥运会实现金牌翻番,2005年全运会和2006年亚运会实现金牌新突破,对于2008年北京奥运会为国家做出更大贡献的宏伟目标,对此市委、市政府制定了新时期竞技体育发展规划,开始进行新时期竞技体育的战略性调整和项目布局,开始构建起能使尖子选手脱颖而出的坚实的金字塔结构。

(三)人力资源配置方式与竞技体育人才市场因素

在计划经济条件下,竞技体育人力资源采取完全计划型劳动力资源配置方式,几乎所有的体育机构都是国家政府机关,人事管理由国家政府统一负责,行政管理体制高度集中。体育系统及其各直属企事业单位自身缺乏自主权,它们只是上级计划制定者的附属物,是执行机构。国家体育主管部门通过层层指令性计划,用行政手段来实现对各级体育组织和体育各部门的控制。近年来随着市场经济的逐步深入,竞技人力资源的配置现状也有所改观。但由于缺乏科学的计划和必要的市场规范,市场配置人力资源的作用并没有得到发挥。中国竞技体育人才市场从严格意义上来说只能称为"准人才市场",市场发育程度低,人才市场体系不完善。现阶段的竞技体育人才市场主要是优秀运动员的人才市场,而教练员市场、经纪人市场以及其他人才市场或者发育程度很低或者根本不存在。因此,通过人才市场实现人才的有效流动的比例低,人才市场的运作效率不高。其一是进入人才市场的比例不高、层次不高,中国多数竞技体育一流人才(职业转会除外),由于多种原因没有通过人才市场进行流动,我国高水平运动员人才流动的相关法规制度尚不健全,人才流动往往表现为组织行为,表现出个体行为的很少。其二是通过人才市场实现流动的比例不高,如前面所提到的我国职业转会市场存在着许多与转会本意相违背的问题。进一步探析造成劳动力市场运作效率低、作用发挥不充分的原因。在这个问题上,通常容易注意到诸如人才市场法规不健全、信息服务体系不完善等。这些因素固然是阻碍人才市场发展的重要方面,但深层次的制约应是机制问题。运动员的地区所有制是限制运动员流动的重要因素,我国的运动员是分属于省级体育局的,各省级体育局之间是竞争关系,尤其是全运会激化了它们之间的竞争,地区所有实际上成了块状分割,为了保持本单位的项目优势,一些单位对运动员严加封锁,即使浪费人才也在所不惜。就目前而言,由于市场尚未形成,政府在一定程度上操办着人才市场的建立，政府与人才中介服务机构之间存在着政事不分的现象，难以有效发挥市场配置人力资源的基础性作用，国家计划配置依然发挥着重要的作用，这种落后的人力资源配置方式仍然是造成我国竞技体育人力资源配置存在诸多问题的根本原因所在。

天津市竞技体育人力资源配置还存在诸多问题，离配置目标的实现相距甚远。造成这种配置状况的原因主要有社会经济基础、国家政策、人力资源配置方式与市场因素等等。事实上一定的体育机制决定着体育人力资源的配置方式，同时，人力资源配置方式的改革也将推动机制改革的进程，两者互为促进。在当前竞技体育人力资源的配置中，当总量供求调整空间狭小、质量的总体提升又不可能一蹴而就，选择一种能实现总量和结构均衡的市场化的人力资源配置机制，促进当前体育机制的改革，是最直接、最有效、最现实的策略。

第六章

系统设计：
新时代天津市竞技人力资源培育方案

　　随着社会资源由计划配置逐渐转变为由市场进行优化配置,竞技体育人力资源也正由以国家计划进行调配为主的配置方式向以市场调配为主的方向转变。在美国,市场经济运行很大程度上依赖于劳动力市场对人力资源的市场化配置。表现为,美国劳动力市场很发达,人力资源的流动性比较大,人力资源工资价格水平由市场决定,即企业首先根据劳动力的生产费用和劳动力市场的供求关系及供求平衡状况,拟定各级各类技术、管理岗位及技术工人或其他岗位的工资价格,然后参照劳动力相关岗位的最新工资水平,自主决定本企业各级各类岗位的工资价格,普遍实行岗位等级工资制度。该制度很好地平衡了市场和个人能力之间的关系,满足了不同主体的需求,并很好地维持了人力资源市场的健康发展。

　　由此可见,美国市场经济下人力资源的市场化配置模式值得天津市竞技体育管理部门在人力资源培育与配置上很好地借鉴。

一、天津市竞技体育人力资源合理配置的主要环节

　　从天津市体育事业发展和竞技体育人力资源配置的现状来看,存在着不尽合理之处,优化竞技体育人力资源配置已势在必行。要在实施体育人力资源的合理配置的过程中应注重以下环节。

1. 应把提高人力资源素质作为一项兴体之策

　　加强和完善各项人力资源开发政策,不断提升竞技体育人才管理和待遇水平,为天津体育人才发展提供保障。充分发挥临京和直辖市区位

的人力资源优势,加强国际交往,发挥国内外智力资源,选拔、培养和使用高素质、国际化、复合型体育人才。创造吸引人才的良好环境,鼓励吸引国外著名教练员、聘请海外知名专家、学者传授管理经验和专业新理念,选派教练员、体育行政管理人员、体育科技人员、体育竞赛组织管理人员出国培训。把有潜质的运动员直接派往体育发达国家,实现体育资源的优化配置,提高人才培养的质量和效益。

2. 深化体育机制改革

努力创造和提供竞技体育人力资源充分发挥效率的环境条件。改革项目管理机制,运动项目由直接行政管理向间接管理转变,一些项目由综合管理转为与协会专项管理相结合;建立与社会主义市场经济相适应的竞赛体制,推动体育竞赛的社会化、制度化与多样化;实行训练体制改革,坚持全国一盘棋思想,落实奥运战略,更好地实现"一条龙"训练体制。另外,深化人事和劳动制度改革,人员选聘要实行公开化原则,以保证职业竞争的公平性。同时要广泛推行考评考绩制度改革,深化工资制度和社会福利保障制度改革,利用经济杠杆促进人才合理流动,改善劳动力供求关系。充分调动竞技人才的积极性。总之,制度改革的目的就是在竞技体育领域内部建立起有责任、有激励、有约束、有竞争、有活力、能上能下的运行机制。

3. 发挥竞赛的杠杆作用

竞赛是杠杆,起着指挥棒的作用。体育竞赛不仅是竞技体育的重要组成部分,而且是推动竞技体育整体水平提高、促进竞技体育发展的有力抓手。依靠直辖市优势多举办一些高水平的体育赛事,通过竞赛打破行政区域界限,引导人才的合理流动,发掘人力资源的内在潜力,共同开发后备人才。并在竞赛中不断积累经验,建立合理的人才交流机制,提升人力资源素质。教练员与运动员人才合理交流不仅体现在"引进来,走出去"方面,还要使天津市的优势竞技体育项目保持与其他省市强队进行交流互动的频度,即组织适度竞赛,达到检验训练效果、增加比赛经验、提高运动水平的目的。此外,体育竞赛在促进我市体育组织的建立和完善上具有一定的作用。体育竞赛不仅可以改变我市体育基层组织不健全的局面,还可以提升竞技体育组织与管理人员等人力资源的工作水平和综合素质。

4. 以奥运会为目标共建天津市后备人才基地

例如国家蹦床队、国家水球队的训练基地落户天津市,大大拓展了天津市优势竞技体育项目教练员与运动员相互交流学习的机会,拓宽了获得有价值训练竞赛信息的渠道。加强天津市体育后备人才基地、体育传统项目学校和青少年体育俱乐部的规范和建设,积极推进体育后备人才基地多元化。一方面可以提升竞技体育后备人才的资源库,另一方面可以提高人才培养的成才率,为竞技体育后备人才的增量提供基础保障。允许企业和社会力量参与创建后备人才基地,充分调动天津市各方面力量对竞技体育的投入,并对后备人才基地进行规范。还要积极引入政府与社会结合的人才培养模式,并对社会力量实行严格的准入制,对已经引入的社会力量进行严格监管,提升其在后备人才培养方面的积极性。加强天津市体育局和天津体育学院交流与合作,通过考察、协商,多建立类似像棒球项目的后备人才合作基地,成立了天津市专项训练领导小组,统管该项目全市运动的发展。天津市体育局主要负责一、二线队的训练和比赛,体院侧重青少年运动员的选拔和培养。双方将在经费、技术、场地、器材、人才、科研等方面,各尽所能,互相支援。

天津市体育局主管棒球项目的原副局长谢德龙称,此项措施是"战略之举、创新之举、发展之举"。他回顾说:"1999 年,天津棒球队和天津体院棒球队实现'强强联合',转年就夺得全国冠军,并把这种优势保持到现在。今天,本着资源整合、优势互补的原则,两家共建后备人才训练基地,这将使天津棒球后备力量培养迈上一个新台阶,为巩固天津棒球在全国的强势地位提供源泉。"天津体育学院相关领导认为,棒球项目从几年前的"强强联合"到今天后备人才训练基地的建立,是双方不断探索天津竞技体育发展之路的必然结果,是竞技运动发展规律、训练机制和各级教育体制、教育规律有机结果的产物。它真正搭建了直通式的体教结合立交桥,为今后天津其他竞技体育项目提供了可以借鉴的范例。

后备人才基地建立,也得到了天津基层体育工作者的欢迎。他们认为,这样做,有利于发挥"举市体制"的优势;有利于理顺全市竞技体育训练体制;有利于吸纳全国优秀人才;有利于提升运动员的文化素质;有利于提高后备队伍的训练水平。

总之,竞技体育人力资源的合理流动和重新配置实现优化组合是我国优秀运动队建设和培养后备人才的重要内容。这种合理有序的人才流动可以促进竞技水平的迅速提高,有利于开发、培养、使用人才,改善运动队伍的人才结构,避免人才浪费。随着竞技体育改革的不断深化,应逐步完善竞技体育人才交流制度,使其达到规范化、法制化。同时,优化人力资源配置是一项复杂的系统工程,包含定编定岗、竞争上岗、全员聘任、精简机构、规范制度等众多工作内容,工作量很大,而且与个人的切身利益息息相关。在实施过程中不能操之过急,必须正确处理改革、发展、稳定三者的关系,循序渐进,在稳定中优化竞技体育人力资源配置,促进竞技水平的发展。

二、人力资源规划

人力资源规划是指预测未来的组织任务和环境对组织的要求,以及为完成这些任务和满足这些要求而提供人员的活动过程。其目的是规划人力发展、促进人力资源的合理运用、配合组织发展需要以及降低用人成本等。体育人力资源规划也称体育人力资源计划,是体育人力资源开发与管理过程的初始环节,是体育人力资源开发与管理各项活动的起点和依据,做好人力资源的规划,对于搞好人力资源整体开发和管理,取得人力资源效益和组织的多种效益都具有重要作用。调查显示,天津市竞技体育人力资源管理总体水平还不够高,大多数竞技人力资源管理还只注重于招聘、员工合同管理、考勤、调动、培训等与公司内部员工有关的事项,缺少绩效考核、薪金制度、社会保障等经营战略及与市场环境相适应的人力资源管理战略。作为人力资源管理的重要内容——人力资源规划,大部分省市的竞技体育人力资源规划还是一片空白。系统内一方面不合要求的人员过剩、另一方面则是具有特殊技能和知识的人才紧缺,人才流失严重,竞争力和效益难以提高。管理部门都很难预测潜在的人员过剩或人力不足,特别是体育系统,普遍存在人力资源数量过剩,质量偏低的现象。但究竟数量过剩多少?人力资源质量有哪些不足?体育部门尚无科学的数据。显然,这无法保证拥有合理的人员结构。我国从事竞技人力资源工作的人,大部分都没有经过人力资源管理的专业训练,缺少对专业、政策法规的掌握。虽然人力资源规划的意义重大,但制定和实施难度较大。那么,结合天津市现状,如何做好天津市竞技人力资源规划工作?本文着力从以下几方面进行了分析。

(一)有针对性地进行人力资源规划,从竞技体育长远发展角度建设高素质竞技队伍

1.规划目标

人力资源规划是为了得到和保持一定数量具备特定技能、知识结构和能力的人员,充分利用现有人力资源,以及预测在未来竞技体育中潜在的过剩人员或人力不足。天津市竞技体育人力资源规划的主要任务是系统地评价竞技体育系统中人力资源的需求量,为不同的环节和岗位选配适合的人员,并制定和实施人员培训计划。在人员配备中,做到因事择人、因材用人、用人所长及保持人事动态平衡。未来要建设一支训练有素、成绩优秀的运动员队伍,增强天津市适应未知竞技体育环境的能力;

通过人力资源的开发,不断壮大前期竞技队伍,强化人力资源,减少系统对关键环节和岗位人力资源对外招聘的依赖性,并逐步建立起长效的激励机制。

2. 人力资源规划的作用

（1）保证组织目标的完成

人力资源规划是实现组织战略的基础计划之一,制定人力资源规划的一个主要目的是确保组织完成发展战略。目前大多数组织为了生存、发展及保持竞争优势,都制定了独特的战略,战略与规划一旦确定后,那么下一步就是要有人去执行和完成,人力资源规划的首要目的就是有系统、有组织地规划人员的数量与结构,并通过职位设计、人员补充、教育培训和人员配置等方案,保证选派最佳人选完成预定目标。系统规划人力资源的数量与结构,协调优化人员布局,优选高竞技水平的运动员和综合素质较强的教练员,对保持和持续增强天津市竞技体育的竞争实力具有长远的战略意义。

（2）适应环境动态变化,提高竞争力的需要

人力资源规划有助于天津市熟悉国际国内体育竞争环境、队伍建设及新技术引进的快速变化等做出相应的调整反应。现代竞技体育处于多变的环境之中,一方面内部环境发生变化,如管理的变化,新技术的开发和利用,管理机制和管理方式的改变等,都将对体育系统人员的结构与数量等提出了新的要求;另一方面,外部环境的变化,如人口环境的变化、教育程度的提高、社会及经济的发展、法律法规的颁布等也直接影响到竞技体育对人员的需求,影响到人力资源的工作动机、工作热情及作业方式。人力资源规划的作用是让天津市能更好地把握未来不确定的竞技环境,适应内外环境的变化,及时调整人力资源的构成,保持竞争优势。

（3）提高使用人力资源管理效率

人力资源规划有助于降低我市竞技人力资源的使用成本,帮助管理人员预测人力资源的短缺和冗杂,在人员管理成本上纠正人员供需的不

平衡状态,减少人力资源的浪费或弥补人力资源的不足。良好的人力资源规划能充分发挥人员的知识能力和运动技术,为每个人员提供公平竞争的机会,能客观地评价人力资源的赛绩和业绩,极大地提高人员的积极性。通过人力资源规划向员工提供适合个人的职业生涯发展规划,提高员工生活工作质量,开发员工的生产能力,最终提高天津市竞技体育系统对人力的整体使用效率。

3. 整体建议

人力资源规划的主要过程分为信息收集阶段、人力资源供需预测阶段、规划制定与实施阶段和规划评估与反馈阶段四个阶段。各个阶段都有详细的工作流程和注意事项,我市应根据竞技体育人力资源的实际情况,客观准确地进行每一阶段的工作。

系统评价我市竞技体育内部各岗位人力资源的数量与结构,客观分析其质量与效益,对人力资源进行供给与需求的对比分析。并根据实际情况,相关部门相应的制定措施予以调控。

高层管理者可以更多地了解经营决策中与人力资源有关的问题,加深对人力资源管理的重要性的认识。

加强人员培训、发展,提高招聘质量,加大招聘力度。

加强教练员队伍和运动员队伍建设。

建立完善的考核机制,以识别绩效优异的员工。

以职业升级和薪酬调整为激励动力,提升职业化竞争能力,提高绩效水平。

总之,在保持我市现有体育人才资源总量前提下,形成一个核心优势突出,整体结构完整,数量充足且分布均衡、管理机制科学合理,管理活动高效有序的能够人尽其才的高素质体育人才队伍和人才管理体制与运行机制。

（二）体育人力资源规划的出发点是针对目前天津市 体育人力资源存量与未来竞技体育发展中 人力资源需求的差距制定补足计划

　　一份完整的体育人力资源规划应包括体育人力资源补充计划,招聘选拔计划、接替与提升(降职)计划、教育培训计划、评估与激励计划、体育人力资源问题及其处理计划、退役(退休)解聘计划等体育人力资源开发与管理的各个领域,如图6-1所示。

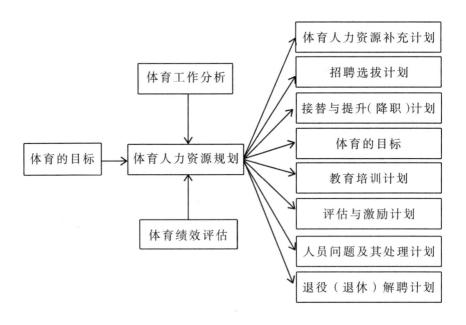

图6-1　体育人力资源规划的内容

　　如图6-1可以看出,体育人力资源规划的制定,首先要依赖体育的目标,这主要是因为体育人力资源规划的主要任务是为了达到体育的目标。其次,体育人力资源规划的制定要依赖体育工作分析和体育绩效评估,这主要是因为体育工作分析明确了工作的各种信息,包括职位的职责、任务、权限、工作条件、社会环境、任职者的基本要求等。体育绩效评估明确了绩效情况和体育人力资源的使用状况等,这些信息对做出正确的体育人力资源需求预测至关重要。

在体育人力资源规划中,体育人力资源补充计划主要包括补充人员标准(类型、数量、质量等),补充人员的来源(内部或外部),补充人员的待遇等。招聘选拔计划,主要包括招聘选拔人员的确定与培训计划,招聘选拔的程序、渠道、方法、费用等。接替与提升(降职)计划主要包括人员提升标准、资格、试用期、提升比例,未提升人员安置等。教育培训计划主要包括培训目标、内容、地点、师资、受训人员的数量、培训形式、评估等。评估与激励计划主要包括绩效指标的确立,绩效评估方法,绩效评估结果的运用,绩效评估的组织与实施办法,激励政策与方案的制定等。人员问题及处理计划主要包括保险救济、社会福利、优抚互助政策的制定,劳动条件与环境的改善等。退役(退休)解聘计划主要包括退役(退休)安置的政策、方法、解聘程序等。

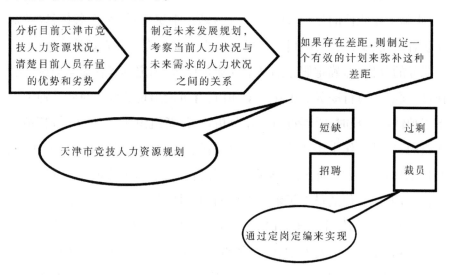

图 6-2　天津市竞技人力资源规划流程图

本书制作了天津市竞技人力资源规划流程图(图 6-2)。由图看出,天津市竞技人力资源规划工作的流程：首先，分析目前天津市竞技人力资源状况，清楚目前人员存量的优势和劣势；其次，制定未来发展规划，考察当前人力状况与未来需求的人力状况之间的关系；最后，如果存在差距，则制定一个有效的计划来弥补这种差距（如果人员短缺就招聘，如果人员过剩就通过定岗定编来裁员）。

三、人员配置

天津市竞技体育人员配置，就是要以市场为基础性手段进行竞技系统的工作分析，把有限的人力资源配置到效益最好的环节中去，明确岗位职责，合理有效地进行岗位分工。在配置过程中坚持适才适位、优化结构、动态调整等原则，统筹兼顾、效率优先、考虑公平、保证重点。

工作的分析又称职务分析、岗位研究，指获取与工作有关的详细信息，明确工作职位的目标、职责、任务、权限、隶属关系、工作条件，以及对任职者的要求等的整体过程，这是一项重要的人力资源管理技术，主要是指职务的分析，即确定职务的基本职能是什么，确定具备什么素质的能胜任这一职务，履行职务的工作环境如何，有可能出现的职务风险。通常以下三种情况出现时，需要进行工作分析：一是新组织建立时工作分析被正式应用；二是工作由于新技术、新方法、新系统的产生而发生重要变化，尤其是工作性质发生变化，需要做工作分析；三是新的职位产生时工作分析，可帮助新职位的员工了解该岗位的相关情况。

工作分析的作用在于：几乎所有的人力资源计划或方案，如体育人力资源规划、体育人力资源的选拔、体育人力资源的绩效评价、体育人力资源的培训与开发、体育人力资源的激励、体育人力资源的职业生涯规划等，都需要通过体育人力资源的工作分析来获得某些类型的信息，是人事工作者从事各种活动的基石。具体来说，使招聘工作有据可依，规范运作；使工作分配更具科学性、系统性；确定工作要求，以建立适当的指导与培训内容;确定工作之间的相互关系,以利于合理的晋升、调动与指派;为制定考核程序及方法提供依据;为改进工作方法积累必要的资料,为组织的变革提供依据;为确定组织的人力资源需求、制定人力资源计划提供依据。工作分析为科学的绩效管理提供了帮助,促进企业的组织结构更加合理。

工作分析的内容主要包括基本资料(职务名称、直接上级职位、所属部门、工资等级、工资水平、所辖人员、定员人数、工作性质等内容)、工作描述(工作概要、工作活动内容、工作职责、工作结果、工作关系等内容)、任职资格说明(最低学历、工作的年限和经验、一般能力、兴趣爱好、个性特征、性别、年龄特征、体能要求等信息)、工作环境(工作场所、工作环境的危险性、职业病、工作时间特征、工作的均衡性、工作环境的舒服程度等内容)四个方面。

体育人力资源工作分析方法主要有问卷调查法、访谈法、观察法、工作实践法、关键事件法、任务分析清单法、职能性工作分析法等。

工作分析的结果是工作描述和任职说明书。它是体育人力资源开发与管理中必不可少的环节,有人称它为人事工作者所从事的所有各种活动的基石。

四、招聘

招聘与选拔作为人才来源的入口关,对竞技体育队伍整体素质起着关键性作用,也直接影响了训练质量和竞技实力的提高,如何通过科学的选聘方式来扩充天津市人才队伍,加强整体竞技实力建设是目前面临的一个重要课题。

所谓招聘,是指通过各种形式,把具有一定技巧、能力和其他特性的申请人吸引到部门空缺岗位上的过程。招聘实际上是单位和个人之间双向选择和匹配的动态过程。竞技体育的人事招聘已经备受体育部门重视,它直接关系单位人员素质的提高,是单位改革的首要环节。

招聘工作是单位取得人力资源的最佳途径,是企业或单位人力资源管理工作的基础,是最终在竞争中获胜的法宝。招聘一般由主体、载体及对象构成,主体就是用人者,也就是招聘单位一般派出招聘专员,具体负责招聘工作的组织和实施;载体是招聘信息的传播体,也就是招聘信息传播的各类媒介;对象则是符合标准的应聘者。招聘工作已经成为各行业备受关注的内容。如何克服竞技体育单位招聘中的问题和不足,已成为制约竞技人力资源发展的重大问题。如何规划竞技体育的人事行为,实现事业单位招聘的公开化、合法化、科学化,笔者结合天津市竞技体育实际工作,认为应从以下思路进行梳理。

(一)根据工作分析结果,结合竞技体育目前人力需求开展招聘工作

系统化的招聘管理可以保证公司招聘工作的质量,为公司选拔合格优秀的人才,如何提高招聘的有效性,是每一个企业都需要关注的问题。应根据不同岗位需求,灵活运用招聘方法,在保证招聘质量的情况下,尽可能降低投入成本,通过与用人部门的积极配合、分工协作,提高招聘工作成效,减少招聘过程中的盲目性和随意性。实现员工个人与岗位的匹配,是招聘的最终目的,这种匹配包括两个方面:一是岗位的要求与员工个人素质相匹配;二是工作报酬与员工个人的需要相匹配,要通过招聘,把合适的人放在合适的岗位量才适用,确保员工在工作岗位上能充分发挥主观能动性,从而提高企业的核心竞争力。

招聘工作必须遵守"公开""平等""高效""择优"的原则。招聘渠道应坚持内、外渠道结合,以内为辅、以外为主的方针。

招聘需求的定位:现有职位的空缺;业务扩大的需要;单位对组织机构有所调整的需要;调整不合格的员工队伍;为确保单位发展所需的人才储备;急需的外来资深人士;突发的人员需求。

招聘形式上应包括内部招聘(竞聘)和外部招聘(竞争对手处挖人、校园招聘、人员推荐、猎头公司、中介公司与人才市场)两种形式。

构建人力资源的职位胜任力有助于选拔决策的科学、客观和质量。

(二)人员招聘工作责任的划分

一个单位的人员招聘工作应由专门设立的人力资源部门来负责,但其工作内容与职责与单位下属用人部门有着明确的划分。

人力资源部门的工作内容和职责主要有制定整体用人计划、办理招聘广告的审批手续、招聘广告的联系刊登、应聘信件的登记、笔试组织、体格检查和背景调查、正式录取通知的发放、办理录取报到手续、负责录用人员的入职培训等。

单位下属用人部门应负责提出人员获取需求,人员招聘计划的制定和报批,招聘岗位要求的填写,新岗位职务说明的撰写,笔试考卷的设计,应聘人员的初选,面试和候选人员的确定,给出录用决策以及协助进行入职培训等工作。

(三)内部招聘与外部招聘方法

企业或单位进行员工招聘的渠道一般有两种,即内部招聘和外部招聘。

内部招聘是现在竞技人力资源常用的一种人才选择路径。内部招聘是指在企业内部通过晋升竞聘或者人员调配等方式,由企业内部的人员来弥补空缺职位。企业内部招聘和人才选拔机制的确立,有利于员工的职业生涯发展,留住核心人才,形成人力资源内部的优化配置。有调查显示,成功企业中70%以上的管理职位都是由从内部提拔起来的人担任。通过内部招聘一方面可以鼓舞员工士气,调动员工的工作积极性;另一方面也有利于提高招聘工作的正确性和有效性,降低招聘主体的招聘风险,节约招聘成本。同时也可使招聘主体对员工的培训投资取得合理回报。内部招聘具体又分为提拔晋升、工作调换、工作重换和人员重聘几种形式,通常包括档案法、内部公告、主管推荐、职业生涯开发系统四种方法。

档案法:每个单位都应该建立详细的人力资源档案,记录每个成员的基本资料、教育培训经历、专业等级水平、个人目标等各种信息。当内部出现职位空缺时,人力资源部门可以依据档案中的客观信息,以及一些档案中没有的主观信息(如人际技能、团队精神、品德、家庭情况等),搜寻职位的合适人选。

内部公告:在单位内部以公告的形式发布空缺职位信息是最常用的内部招募方法。一般的做法是在公司的内部主页公告栏或以电子邮件的方式通告给全体员工,符合条件的员工可以根据自己的意愿自由应聘。发布信息应说明工作的性质、任职资格、工作时间、待遇标准等相关情况,保证招聘的透明度和公平性。

主管推荐:这种方法是由职位空缺部门的主管或上级主管推荐他们认为合适的人员,供决策部门考核。主管对本部门员工的工作能力有较为全面的了解,通常当部门主管有权挑选或决定晋升人选时,他们会更关注员工的工作细节和潜在能力,同时会促使那些正在寻求晋升机会的员工努力争取更好的工作表现。

职业生涯开发系统:是招聘主体将内部优秀人员通过培训从内部填补工作空缺的可选方法。单位不是鼓励所有合格的员工来竞争一项工作,而是将高潜能的员工置于职业生涯路径上,接受培养以适应特定目标的工作岗位。

内部招聘对企业而言有很多优点:首先,内部招聘可以使企业得到大量自己非常熟悉的员工,不必再花费很大力气去认识和了解新员工。其次,这些应聘者对企业的状况及空缺职位的性质都比较了解,省去了很多适应岗位的麻烦。但如果企业仅仅采用内部招聘的做法,久而久之,会出现思维僵化、"近亲繁殖"等弊端,很难适应创新的市场要求。

外部招聘是指从企业外部获取符合空缺职位工作要求的人员来弥补

企业的人力资源短缺,或为企业储备人才。当企业内部的人力资源不能满足企业发展的需求时,如某些初级职位及以及特定的高层职位,企业内部可能没有合适的人选,则应选择通过外部渠道进行招聘,从外部招聘的人员可以为组织带来新的思维模式、核心的理念,从而有利于组织的创新。

一般而言,内部招募员工的成功率和速度高于外部招聘,也远低于外部招聘的离职率,具有长期服务性。但是,内部招募比外部招聘更容易受到管理者主观影响或可选择面窄,不能满足单位对人力资源的需求时,就需要考虑从外部挑选合格人员。外部招聘一般包括广告招聘、通过职业介绍所与就业服务中心招募、内部员工推荐或者应聘者自荐、委托猎头公司等中介招募、人才招聘会、互联网招聘等方法形式。

内部招募与外部招聘各有优点和缺点,具体见表6-1。

表6-1　内部招募与外部招聘的优点和缺点比较

	优　点	缺　点
内部招募	可提高被提升者的士气 对员工能力可更准确地判断 在有些方面可节省花费 可调动员工的积极性 可促成连续的提升	近亲繁殖 未被提升的人可能士气低落 容易引起内部争斗 必须制定管理与培养计划 不能更好地引进新思路、新方法
外部招聘	新鲜血液的灌输有助于拓展单位视野 比培训专业人员要廉价和快速 在单位内不易形成政治支持的小团体 更广的选择余地	可能引来窥察者 筛选时间长、难度大 可能影响内部选拔者的士气 新员工需要较长的调整期

五、考核

(一)考核的意义

所谓人员考核是指按照一定的标准,采用科学的方法,衡量与评定人员完成岗位职责任务的能力与效果的管理方法。考核的意义在于发掘与有效利用员工的能力,为员工薪酬管理、为制定员工晋升、调迁、辞退决策、员工培训、员工奖惩等工作提供依据,提高员工的工作积极性,同时能帮助和促进系统内个人的自我成长,并改进管理者与个人之间的关系。

可见,考核驱动着整个人力资源管理流程的运行,对人力资源管理的顺利进行有重要意义,考核与人力资源管理的其他环节相互制约、相互促进。经文献调查,在我国竞技人力资源方面缺少系统的考核办法和实施标准。

(二)考核的原则

客观性原则:能够定量的指标尽量量化,不能定量的指标通过详细、全面的描述、定性的分析,使主观性尽可能降低。保持公开性与开放性。

全面性原则:通过不同的考核人员(上级、同级、下级、自身),不同的考核维度(态度、能力、业绩),全面反映考核对象的情况。注重反馈与修改,发扬好的;不足的应以纠正和弥补。

相关性原则:每类考核人员只针对熟悉并有密切关系的部分考核对象进行考核,例如同级部门管理者考核周边绩效,同事考核合作精神,下级考核管理能力等。

效率性原则:在较少的时间、人力、物力投入的条件下,取得较为客观的考核结果。注重可行性与实用性。

针对性原则:对于不同职位、不同部门的考核对象,各考核主体(上级、同级、下级、自身)评价结果权重不同,各考核维度(态度、能力、业绩)所占比例应有所差异。

(三)考核应注意的问题

实施考核,应注意解决好以下几个问题,否则会事与愿违。

第一,获取对系统的支持。获取高层管理者的支持,获取上级领导的支持,寻求员工的投入,才能顺利地开展工作。要实行多层次、多渠道、全方位、制度化的考核。

第二,选择适当的评价工具。考核最基本的要求是必须坚持客观公正的原则。要根据工作性质的不同采取不同的考核方式,并要注重实用性,成本(开发成本、执行成本)与考评效益成比例。要建立由正确的考核标准、科学的考核方法和公正的考核主体组成的考核体系。

第三,选择评定者。先决定上级、下级、同事、自我评价的范围以及权重,再根据不同考核对象的工作性质确定不同的考核频率。在考核频率上通常采取季度考核的方式,即一年四次,这样既可以避免月度考核导致的考核成本加大的弊端,也避免了因为考核期限过长造成的人员绩效不能及时反馈的弊端。

第四,应用考核结果。考核结果没有应用等于没有考核,因此必须将考核结果应用于薪酬、晋升等不同方面。要注意考核结果的正确运用。

第五,保证评估公平。对不同人考核虽然采用不同方式,但是要保持相同的尺度,不允许特殊照顾,并建立员工投诉系统,保证评估的公平性。

第六,防止"哈罗效应"。即在考评中,考评者凭主观印象而产生的误差。

（四）考核维度指标

在文献资料的基础上,结合国内部分知名企业的考核体系,并根据竞技体育人力资源管理的特殊性,本文制定了天津市竞技人力资源考核维度(见图6-3),主要包括态度考核、能力考核和业绩考核三个维度。各维度考核因素定义详见表6-2。

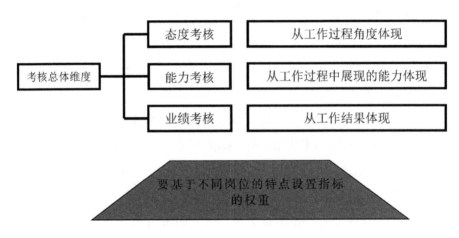

图 6-3　天津市竞技人力资源考核维度

表 6-2　各维度考核因素定义

业绩考核	任务绩效	从本职任务完成结果角度评价
	管理绩效	从管理工作的结果角度评价
	周边绩效	从对相关部门服务的结果角度评价

续表

态度考核	积极性	是否积极地学习业务、工作上所需要的知识 对工作是否有抵触情绪、严重程度如何 是否主动承担一些额外任务 是否经常提出新的思路和合理化建议
	协作性	是否主动协助上级、同事做好工作 是否能保持与同事良好的合作关系
	责任性	对工作的失误是否往往逃避责任或辩解 对上司是否有敷衍的现象
	纪律性	是否能遵守工作规、标准,以及其他规定 是否能够保守公司的秘密与技术成果
能力考核	知识学习力	是否具备本职工作所必需的管理理论和知识 能否快速吸收并掌握新的理论和方法
	理解判断力	能否准确理解上级的意图和指示,并在职权范围内作出行动; 能否对工作中出现的问题,迅速把握其实质,随机应变,作出正确的判断与决定,进而适宜地予以处理
	开拓创新力	是否勤于思考,善于捕捉各种信息,不断提出新的工作方法; 能否创造性地解决工作中的问题
	协调交涉力	能否清晰、正确地表达自己的意图,说服对方,有效实现目标 能否在上下级之间进行有效的口头或书面沟通 在交涉过程中能否求同存异,避免冲突,减少摩擦
	指导统帅力	是否掌握下属的能力与性格,合理地分配任务,组织、统一下属去实现目标 能否与下属保持良好的关系
	沟通协调服务	能否站在单位的立场上,选择有效的沟通方法,协调处理本部门与相关部门间的工作关系,正确解决工作中遇到的问题; 能否提供优质高效的服务
	沟通监督指导	能否经常与下属进行有效的沟通; 能否根据下属的个性和能力合理地给予及时必要的指导; 是否关心下属的自身发展,并经常提出改进的要求或建议

说明:以上指标除沟通、协调、服务由相关部门或同事考核,沟通、监督、指导由下级考核外,其他指标均由直接上级考核。

（五）考核结果的确定

任何一项制度都要靠人来执行才能发生效益，考核制度也不例外。在实际操作中由于考评人员的过失往往会给考核评价结果带来一些负面影响，所以审查考核结果时，确定由什么样的人来参与对员工的考核作为评价尤为重要。所以在竞技体育人力资源考核的结果要充分量化，并保持考核指标的多样化，尽量防止人的主观判断。

如图6-4显示，考核结果组成内容包括上级考察、同级考察、下级考察。而在上级的考察上包括能力指标、态度指标、业绩指标内容的考核。考核的结果实行强制公布，从而避免了考核失效的现象。

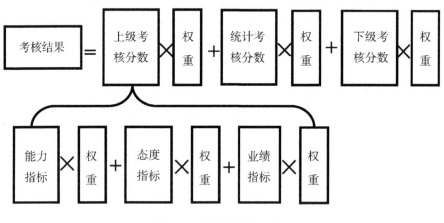

图6-4　考核结果的确定

（六）考核结果应作为确定员工绩效工资的依据

在一个组织里，每次考核都有其特定的目的和目标。组织内物质利益的分配必须遵循按劳分配的原则，报酬与贡献相匹配，才能使员工感到公平合理，从而激励更多的员工充分发挥自己的潜能创造更多的价值。这就需要对员工的考核结果进行定性和定量的测量考评，以获得绩效工资的客观依据(如图 6-5 员工收入的构成所示)。

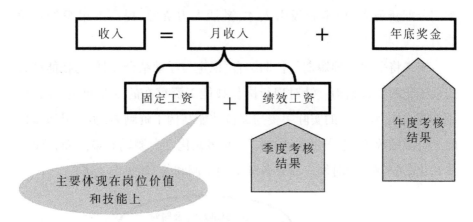

图 6-5　员工收入的构成

六、薪酬

薪酬管理是指企业或单位在经营战略和发展规划的指导下,综合考虑内外部各种因素的影响,确定自身的薪酬水平、薪酬结构和薪酬形式,并进行薪酬调整和薪酬控制的整个过程。有效的薪酬管理有助于吸引和保留优秀的员工,实现对员工的激励,改善企业绩效,塑造良好企业文化,有助于塑造企业机制。

薪酬体系规划包括两个层次,即总体规划和分类规划。总体规划是关于规划期内薪酬管理总目标、总政策、实施步骤和总预算的安排;分类计划包括工资计划、奖金计划和福利计划,这些计划是总体规划的分解和具体化,是总体规划的执行及细化。薪酬体系设立的原则是以岗位评价为基础,综合考虑其他因素得到一个持续、全面反映个人对竞技体育贡献的补偿计划。针对竞技体育组织的现行岗位技能工资分配存在的激励不足,采取灵活多样的分配形式,通过岗位(职位)评价,突出岗位价值并按业绩定酬;引入市场工资机制,推行协议工资制;鼓励科技人员在本行业间兼职,获取相应的报酬;树立人力资本及技术成果等生产要素参与企业利润分配新观念,稳定和吸引人才,激活人力资源,提高本组织的竞争能力。

未来将采取一种短期与长期结合、稳定与浮动结合、岗位与技能结合的系统化的工资结构。针对现行岗位技能工资存在的主要问题,通过优化工资结构,将职工的实际工资与岗位技能结构工资剥离,实行灵活多样的工资激励政策,逐步建立竞技体育的多元化工资激励政策。而在建立多元化薪酬制度的时候应注重各环节的协调和落实(见图6-6)。

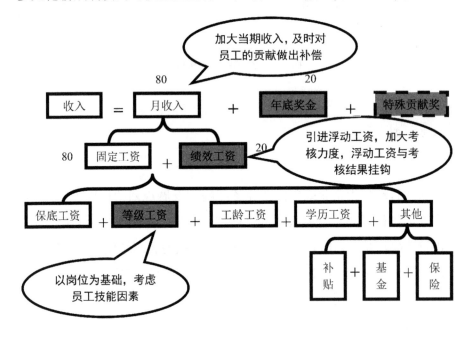

图 6-6　优化后的多元化工资结构

(一)按岗定酬,突出岗位价值

把员工的实际技能同岗位对员工技能的要求统一起来,人尽其才,岗得其人,更好地贯彻同工同酬的原则。岗位工资的确定应考虑岗位的重要性、岗位的知识与技术含量、岗位对经验能力的要求等因素。新的工资分配应从重工龄的技能工资转向重技术程度、重岗位条件、劳动数量、劳动质量的岗位转移,依据技术高低、工作性质、劳动强度、责任大小等因素,合理地测算出管理、技术、业绩、服务四大系列的不同岗位的工资分配系数,真正形成以事定岗、以岗定薪、岗变薪变的岗位结构工资分配机制。

(二)按绩定酬,实行业绩工资制

薪酬设计要点在于:对内具有公平性,对外具有竞争力。要注意的是对内公平性要比对外竞争力更重要。因此,就对内公平性而言,除了要通过职位评价来确定员工合理的岗位外,还要按绩效付酬。绩效工资是员工收入与单位的业绩挂钩的部分,它是根据单位经济效益和员工实际完成劳动数量和质量支付给员工的工资,对员工完成业务指标而进行的奖励,即根据各类员工的工作业绩和贡献大小,实施奖励工资分配。按绩定酬,关键在于建立并运行奖惩分明薪酬体系,首先要设计一个能有效区分绩优与绩劣员工的绩效评估体系,其次要有明确的绩效导向,即以绩效评估体系中的哪一个元素为重要衡量指标。

(三)按市场工资价位,推行协议工资制

竞技体育的竞争,归根到底还是人才的竞争,而人才竞争的根本是人才制度的竞争。制度是一个广义的概念,其中包括一个很大的因素就是薪酬制度。因此,为了留住人才和吸引人才,组织可根据工作需要和人才的实际效用,引入市场工资机制,主要适用于人才市场稀缺的关键岗位、人才或企业重点吸引和留用的高级人才,也适用于一部分临时聘用的人员。根据有关政策和当地劳动力市场工资指导价位,对一些特殊人才以签订工资协议(包括:工资分配、支付办法、工资调整幅度等)的形式,实行协议工资制。

(四)允许技术人员兼职,并获得相应的报酬

针对本单位部分技术人员工作量不饱满的现状,鼓励员工在不影响本单位知识产权、科技服务和技术秘密、经济效益的前提下,在企、事业单位之间兼职,鼓励从事技术创新、技术咨询、技术服务、科教培训、科研开发等活动,并获取相应的报酬。允许事业单位专业技术人员到企业挂职或者参与项目合作,其间与原单位在岗人员同等享有参加职称评审、岗位竞聘、培训、考核、奖励等方面权利,并可与企业约定工资待遇。支持和鼓励事业单位专业技术人员兼职创新或者在职创办企业,以充分发挥他们的技术特长和作用,为人才提供用武之地。同时提倡外地高层次人才以多种形式为组织提供兼职服务,采取人才柔性流动政策,保证其来去自由,为共享优秀人力资源提供有力的支持。

(五)让科技人员的技术成果参与分配

"科技是第一生产力。"随着我国社会经济的不断发展,科技创新的作用越来越重要。科技人员是提升我国科技实力的重要力量,而促进科技创新的关键是科技成果转化激励制度。依靠科技进步,实施科技创新,是社会经济发展的需要,同样也是竞技体育发展的推动力。要提高科技进步对竞技体育发展的贡献率,就必须加快科技成果转化到竞技体育中去,这就必须有相应的体制创新加以配合、提供保障。把技术放在优先的位置,让科技成果参与分配,使技术、知识的价值得到承认,从而有效地调动科技人员不断创新的积极性。因此,对于各类科技人员所创造的工业产权、非专利技术等技术成果应给予相应的报酬,增加科技人员报酬奖励标准,同时要把科技人员的发明创造和技术创新转化为现实生产力,就必须制定积极有效的激励政策,鼓励科技人员的技术成果参与分配。建立科技成果权益初始分配制度,健全科技人员分配政策;构建科技成果转化

强制许可制度,避免对职务科技成果造成浪费,使科研单位主动将其转化的权利交给科技人员;依法引导创新主体制定科技人员分配激励的量化规则;以及完善市场导向的科技人员参与科技成果转化收益分配的激励机制,为天津市竞技体育科技水平进步提供充足的制度动力。

七、培训

培训是指单位为开展业务及培育人才的需要,采用各种方式对员工进行有目的、有计划的培养和训练的管理活动,其目标是使员工不断地更新知识,开拓提升以改进员工的动机态度和行为,是员工适应新要求,更好地胜任现职工作或担负更高级别职务的重要手段,也是促进组织效率提高和组织目标实现的关键途径。当今社会的竞争是人才的竞争,竞技体育也同样如此。天津市的竞技体育要赢得持续竞争优势,就必须注重提高整个竞技体育人力资源的综合素质,使其实现知识差异化、技能多样化、能力综合化,增强整体的凝聚力和协同意识,使其成为一个密不可分的有机统一体。要实现成员综合素质的提高,人力资源培训无疑是针对性强、递进关系明确、可控性好、成效快、可持续发展的有效方法。在人力资源培训方面要注重以下几点:理论与实际相联系、专业知识技能培训与组织文化培训兼顾、全员培训和重点提高、严格考核和择优奖励。

(一)培训的特点

从系统论出发,竞技体育人力资源的培训应具备系统性、协同性、动态性及多样性。

系统性:人员培训是一个全员性、全方位、贯穿员工职业生涯始终的系统性工程。人力资源培训的系统性原则要求我们从培训这一整体出发,来分析培训系统中的各个要素及它们之间的相互关系,从而达到对培训系统的整体性认识。一般来说人力资源培训这一系统是由培训需求分析、培训设计、培训实施及培训评估各要素之间存在着特定的关系,从而使整个培训系统具有一定结构和功能。

协同性:竞技管理是一个大系统,人力资源管理只是一个子系统。培训又是人力资源管理中的一个子系统,培训既要与上一级的发展战略等系统相结合,又要与薪酬管理、绩效评估等同级子系统相结合并协调一致。在进行培训工作时要兼顾其他同级系统,如培训必须与薪酬、晋升挂钩等,最终实现人力资源管理系统的自组织,产生反馈作用,使竞技人力资源管理步入良性循环的轨道。如果培训漫无目的,只会使培训损害其他同级子系统的利益,产生消极作用的负反馈。

动态性:随着时代的变化发展,培训需求也在变化发展,培训系统中的其他要素也随之变化发展,同时员工所具备的知识日益陈旧,需要更新,因此培训应该是动态的,并非一次培训终生不再需要培训,管理者应给予每个员工适量的培训机会,并使员工逐步树立终身学习、终身培训以及主动学习和积极受训的观念。

多样性:人员培训要充分考虑受训对象的层次、类型,考虑培训内容和形式的多样性。这就要求我们认识到培训因管理层次、类型、内容等不同而相应具备一定的针对性和层次性,对每一层次的培训都要有相应的培训内容。因此,应多层次地安排人员培训,并注意培训层次结构上的纵向关系和横向关系。

(二)培训的原则

为了保证竞技体育人力资源培训的方向不偏离组织的预定目标的基本原则,并以此为指导,员工培训的原则应包括以下几个方面。

战略与激励原则。竞技体育系统必须将人力资源的培训与开发放在战略高度来认识,深刻认识培训对人才的促进作用以及对体育整体系统的优化作用。在实际培训工作中,一些单位或个人往往只重视当前利益,安排闲人去参加培训,真正需要培训的人员,却因为工作任务繁重而抽不开身,结果就出现了所学知识不会或根本不用的"培训专业户",使培训失去了原本的意义。而现实是真正需要学习的人才会学习,这种学习愿望称之为动机。一般而言,动机多来自需要,所以在培训过程中,可用多种激励方法使受训者在学习过程中得到应需要的满足而产生学习意愿,因此,企业必须树立战略观念,以激励作为手段,根据天津市竞技体育发展目标及战略制定培训计划并实施培训。

理论联系实际,学以致用原则。员工培训应当有明确的针对性,从实际工作需要出发,与岗位特点紧密结合,与培训对象的年龄、知识结构、能力结构、思想状况紧密结合。根据竞技体育系统不同的岗位情况,按需组织相应的培训,目的在于通过培训让员工掌握必要的技能,以完成规定的工作,最终为提高天津市竞技体育事业服务。

技能培训与文化素养培训兼顾的原则。人力资源培训与开发的内容,除了文化知识、专业知识、专业技能的培训外,还应包括理想、信念、价值观、道德观等方面的培训内容。而后者要与天津市竞技体育目标、文化、制度以及天津市体育优良传统等结合起来,使各类人员在各方面都能够符合天津市竞技体育可持续发展的要求。

全员培训与重点提高相结合的原则。全员培训就是有计划、有步骤地对所有在职员工进行培训,这是提高全体员工素质的必经之路。为了提高培训投入的回报率和绝对效益,必须有重点地对本市竞技体育事业兴衰有重大影响的优秀运动员、管理人员和技术骨干进行重点培训,特别是中高层管理人员、有培养前途的梯队人员等,有计划地进行培训与开发。采取全员提高和个别重点培养的策略,加速天津市人力资源的绝对实力和竞争力。

培训效果的反馈与强化的原则。培训效果的反馈和强化是人力资源培训中不可缺少的重要环节。培训效果的反馈指的是在培训后对员工进行检验,其作用在于巩固员工学习的技能、及时纠正错误和偏差。反馈的信息越及时准确,培训的效果就越好。强化则是指根据反馈的结果,有针对性地做出个别调整和加强,并对接受培训人员进行奖励或惩罚,其目的是一方面奖励接受培训并取得成绩的人员,另一方面是加强其他员工的培训意识,使培训效果进一步得到强化。

(三)完整培训体系的主要内容

一个完整的培训体系包括知识培训、技能培训、态度培训、心智培训四方面主要内容。

知识培训:专业知识是保证员工做好本职工作的基础条件。不断实施本专项和相关专业新知识的培训,使其具备完成本职工作所必需的基本知识和迎接挑战所需的新知识。主要是以知识为基础资源和对象的培训模式,帮助成员获取更多的知识。它能使更多的隐性知识转化为显性知识,并使个体的人力资本转化为组织资本,最终形成组织的核心竞争优势。

技能培训:不断实施岗位所需技能的培训,使员工掌握完成本职工作所必备的技能。主要着眼于进一步提高和增强成员现有的技能水平,增强人力市场竞争力,强化和拓展员工的各项能力,提高工作效率。

态度培训:态度是对工作所持有的评价与心理倾向,包括工作的认真度、责任度、努力程度等,主要针对员工的行为调整和心理训练,即不断实施心理学、人际关系学、社会学、价值观等知识的培训来矫正、强化动机和理念需要,最终建立管理人员、教练员、运动员等彼此之间的相互信任,满足自我实现的需求。

心智培训:主要是针对心态、思维模式、理念、动机等素质的培训和开发。比如,一个运动员有什么样的理念和心态,就会有什么样的行为方式去进行训练,因此要挖掘这种内心宝藏。而挖掘这种内心宝藏的心智培训,无疑越来越凸显其独特的重要地位。通过心智培训,提高成员个体的认知平衡能力和素质修养,把人的内心开发为一部能独立工作的"发动机",成为其工作行为改进、技能提高的不竭动力源泉。

第七章

个案应用：
足球俱乐部运动员绩效评价体系

随着足球职业化、市场化的不断加深,对职业足球俱乐部的评价问题已经引起体育管理者的广泛注意,职业足球俱乐部足球运动员培训绩效评估是当前职业足球发展到一定阶段的产物。评价是管理的一项重要职能,对我国职业足球俱乐部的发展状况进行科学评价,可以对俱乐部的发展起到正确的导向作用、诊断作用和激励作用。

职业足球俱乐部是我国足球的主体,而运动员又是俱乐部的主体,运动员专业技能的提升,直接影响了俱乐部构建运动员训练系统的完整性,同时也间接影响着我国足球事业的发展和创新。只有对运动员进行科学有效的管理,俱乐部才会良性运转,中国足球水平才会得到稳步发展与提高。而现行的俱乐部绩效评估只能在宏观上对俱乐部经理、教练员、运动员进行模糊评价,评价时基本依靠比赛成绩,评估方法、指标设置和动力机制单一,绩效评估体系易形成重结果、轻过程的管理方式,无法客观有效地对俱乐部成员进行绩效考评。同时,目前大多俱乐部更侧重于对经济人和教练员的绩效管理,相比之下,对作为俱乐部主体的足球运动员,则缺乏一套完整、具体的评价体系。鉴于此,本文运用文献资料、德尔菲、数理统计等方法,结合绩效管理的相关理论尝试构建一个专门针对运动员的绩效评价体系,旨在对每个运动员的总体表现进行公平、客观的评价,从根本上调动运动员参与训练和竞赛、加强自我约束与规范以及自我学习的主体积极性,为建设高绩效足球俱乐部奠定坚实基础。通过对我市足球俱乐部的足球运动员培训工作实施常态化的质量管理与绩效评估,引导我国职业足球俱乐部足球运动员培训工作的科学化与规范化,进一步促进我国青少年足球运动员的发展。

一、足球俱乐部运动员建立绩效评估体系的客观必然性分析

（一）绩效与绩效评估体系的性质与功能

无论是商业性企业还是非营利组织，要在竞争日益激烈的现代化市场经济社会中维持自身的可持续发展，必须在某些或某一方面拥有绝对或相对的竞争优势；一个组织如何通过评价内部成员的业绩，如何衡量组织的整体业绩已成为在竞争中立于不败之地的必不可少的步骤。组织的绩效概念正是基于这样的背景提出的，是指员工在工作过程中所表现出来的与组织目标相关的并且能够被进行评价的工作业绩、工作能力和工作态度，是对工作行为及工作结果的一种反应，也是员工内在素质和潜能的一种体现。其中，工作业绩指的是员工工作的结果；工作能力和工作态度则指员工工作的行为。

绩效评估是以控制力为中心，在特定的时间段里对评价系统事前、事中和事后运用一定的评价工具和手段进行组织结构、战略目标和预期目标的系统性评判。其目的主要是控制参与部门和人发挥潜在的能力，保证系统的高效运行。同时，为管理组织部门实现奖惩提供依据，更好地激发相关因素的积极性。

足球俱乐部作为一个以营利为目的的体育组织，要想更好地完成其社会使命，就必须改善和提高其经济活动的经营绩效。对足球俱乐部运动员进行绩效评估可以对运动员的工作行为和成果做出有效记录和判断。这既是组织绩效管理的内容，也是一种有效的组织管理方法与工具，是组织的一种度量尺度。只有如此，才能让运动员看到自己的优势与不足，积极找到适合自己的发展方向。

(二)对足球俱乐部运动员建立绩效评估的作用

绩效评价所获得的信息可用于两个主要目的:一是发展目的,诸如确定如何激励组织和个人使其有更高的绩效表现,评估组织或个人存在的且可通过额外的培训加以改进的弱点,帮助其形成适宜的发展目标。二是评价和决策目的,诸如组织或个人的奖励、晋升等级的设计以及任务的分派等。

根据目的的不同,绩效评价分为两类:评价性评价与发展性评价。评价性评价是将着眼点放在对被评价者做出判断上,这种评价,先对被评价者一段时间的绩效表现进行历史性回顾与分析,而后将其与某些预先确定的目标进行分析,并做出判断;而发展性评价是在系统分析确定被评价者的发展需求后,将关注的焦点放在被评价者将来的绩效表现上,因而他的目的是确定被评价者可以改进的知识和技能,从而开发潜能目的不同。绩效评价作为组织控制的手段,管理决策的依据、人力资源开发的途径、绩效改进的动力、创造公平的杠杆,具有强大的反馈控制、激励和开发功能。从国际经验来看,绩效评价在实践中具有计划辅助、监控、支持、促进激励以及资源优化的功能。综合来讲,将有以下几种对足球俱乐部运动员建立绩效评估的作用分析。

1. 分析、预测、调节功能

构建足球俱乐部运动员绩效评估体系,是将涉及足球俱乐部运动员培养和管理实践的复杂问题简单化,用简单的评价指标获取尽可能多的评价信息,为探讨分析足球俱乐部建设绩效现状提供可靠的判断依据。因此,科学有效的绩效评估体系具有分析、预测和调节等基本功能。

分析功能。影响足球俱乐部运动员绩效的因素是复杂的,是由若干个相互独立的相关因素综合影响的结果。通过对指标现状的数据收集,并结合专家的评判意见,运用数理统计学方法获得绩效综合得分,然后对绩效结果作出科学合理的综合判断,探索出制约足球俱乐部运动员发展的重要影响因素,为改进和提高俱乐部运动员绩效总结经验、发现问题,并制定切实可行的改进策略。

预测功能。在研究中,在问卷调查获得现状数据的基础上,对数据进行时间序列整理,然后运用数理统计方法计算获得某一俱乐部运动员的绩效研究过程,不仅可以帮助我们了解俱乐部运动员的绩效现状,还能预测未来一定时期内我国足球俱乐部运动员的绩效问题,实现绩效研究的预测功能,从而为我国足球俱乐部建设决策部门提供理论基础支持。

调节功能。足球俱乐部运动员建设绩效,是一个复杂的多因素构成的系统工程,受到运动员、教练员、管理人员和物质条件等众多因素的综合影响。因此,该系统在实际运行中难免会出现现状与目标发生偏离的情况,所以通过影响该系统的绩效评估体系观察指标的变化趋势来探索发生偏差的原因,分析存在绩效问题的根源,然后通过具体绩效干预方案,及时调控足球俱乐部运动员绩效。

2. 有助于提升足球俱乐部的整体绩效

运动员自身的能力素质、意志品质、学习能力、训练动机、培养潜力和就业情况直接影响着运动队的绩效发挥,运动队绩效大小则由运动员的竞技能力水平高低决定。足球俱乐部的绩效是以管理层、教练员、工作人员、运动员等个人绩效为基础而形成的。运动员作为俱乐部的主体,其绩效评价是俱乐部整体绩效的重要组成部分。运动员绩效评价体系的构建,能够对运动员在一个比赛周期中的各种表现进行详尽、客观、动态的追踪与评价,有效分析并改善每个运动员的工作绩效,进而推动俱乐部整体绩效的提高。

3. 有助于强化足球运动员工作行为与俱乐部目标的一致性

要切实保证运动员工作行为与俱乐部目标的一致,一个重要途径就是借助于对运动员的绩效评价。由于绩效评价指标对运动员行为具有导向作用,因此通过设定与俱乐部目标一致的评价指标,就可以将运动员的工作行为引导到俱乐部目标上来。俱乐部绩效目标的实现依赖于运动员的努力工作,具体表现为运动员更听从管理、刻苦训练、认真比赛和自我完善。

二、足球俱乐部运动员绩效评价体系构建的原则

(一)完整性原则

完整性原则即指所建立的评价指标体系要根据俱乐部的训练目标要求,全面反映足球运动员在俱乐部中全部的工作内容,除了原有的仅以成绩作为考核标准的绩效管理模式外,更加关注运动员的综合素养,全面、系统、动态地掌握运动员的行为表现,这样才能够准确地评价出运动员的实际工作绩效,保证评价指标体系的全面、完整性。指标体系应还具有综合性,全面反映系统的主要属性及其相互关系,既能反映局部的、当前的和单向的特征,又能反映全局的、长远的和综合的特征,既有微观的指标,又有宏观的指标。另外,运动员绩效评价体系不仅要在运动员平日训练时如实反映问题,还需要形成一个便于向运动员反馈信息的双向评价模式,对运动员提高专业技能、完善训练规划、达到训练目的具有可操作性和简捷性的要求。

(二)科学性原则

科学性原则是指在指标体系构建过程中,必须依据体育学原理中有关优秀运动员培养的理论基础,所构建指标须科学、合理。科学性原则是指构建足球俱乐部运动员绩效评估指标体系要有相关的科学依据,不能

凭空想象、理所当然。任何一个运动员培养系统与绩效评估指标体系的构建,都要有一定的理论基础和实践的基础,要以运动员人才培养基本规律、教育系统的基本理论和俱乐部所创办的初衷为理论基础。科学性原则要求在建立评价指标体系过程中,应充分注意指标的相关性、层次性问题,按照分类、分层次的方式来构建指标体系。分类、分层次应该合理。尤其需要注意的是同一类同一层次指标之间的相互独立性问题。从严格的意义上讲,同一类同一层次指标间应该是非相容的(即独立的),不允许一个指标包容另一个指标的情况出现。指标要能够客观地反映足球俱乐部运动员绩效的本质特征和质量水平。每个指标必须概念清晰、科学含义明确,指标之间既要有内在联系,又要避免重复。

(三)客观性原则

客观性原则是指在选取指标和制订指标评价标准时应该实事求是,要注意掌握指标体系在结构和内涵上的客观正确性,每个指标如实反映客观本质。另外,注意指标体系的结构平衡,不偏重某一个方面,也不为了使个别运动员评价结果更好一些,而设置对其相应更有利的指标。在指标选择和评估过程中需要认真对待,严格执行有关绩效评价体系的评估标准,做到专业、实际和完整,指标体系应体现广泛、公正、全面、客观的评价要求。在绩效评价指标体系构建之前,必须确定评价的目的任务且贯穿于整个评价的全部过程,这是绩效评价的出发点和落脚点。在评价过程中,一旦出现评价指标体系与评价目标相偏离,要以客观的评价任务为前提条件予以纠正,避免因偏差影响绩效评价的效果。

(四)可操作性原则

可操作性原则要求所设计的指标体系,其基础指标(最末级指标)应具有可操作性。即评价者针对基础指标知道如何去判断,可以较容易地给出评价意见。一般指标体系都允许定量指标与定性指标共存。对于能够保证有数据来衡量的指标应尽可能用数学公式来测评，对于不宜或难以直接量化的定性指标应有明确评价标准以便二次量化，对于可测性较差的指标应予剔除。指标的选择应遵循使用国内外公认、常见的指标及计算方法或单位的原则，指标符合相应的国际、国内相关规范、标准要求，避免使用不常见、难以统计的指标，使指标标准化、规范化，易于在实际中找到适合的代表值，并使数据资料易得、计算方法简单，可操作性强，并尽量与现有数据相衔接。在评价过程中，所用的评价方法和工具能够真实地测评其绩效现状，所使用的方法和工具较为常用，具有普适性；评价结果在解决实践问题时，能够行之有效且实用。

（五）简洁性原则

完整性原则要求指标体系应该全面反映评价目的和说明问题，而并非包含的指标越多越好，而是应该尽量简洁，有针对性地选取有用的指标即可。衡量高校竞技体育绩效指标数量多而广，不可能一一列举。简洁性原则就是要求在满足完整性原则的前提下，尽可能减少指标的数量。这样一是可以避免繁杂，使评价抓住关键，突出重点；二是可以减小工作量，便于评价数据处理[2]。选取代表的指标和主要的指标，使指标体系完备简洁。

三、足球俱乐部运动员绩效评价的内容与权重

足球俱乐部的战略目标就是不断提高运动员的自身素质，提高整个俱乐部的核心竞争力，以期在国内、国外的竞争中获取竞争优势，进而推进俱乐部的不断发展。而职业足球俱乐部的核心竞争力主要包括运动员的体能水平、训练能力、精湛的技术以及运用技战术的能力等。

所谓指标体系,是指绩效考核中所使用较完整相对独立又有联系的指标所形成的指标群,并能较完整地表达评价要求的考核指标组的评价系统。评价指标的选择是以评价对象为基础,评价目标的原则选择具有可测量性的、具体的、可操作性的指标。评价指标的选取依据一定的目标、原则和方法,系统科学地进行构建,不应盲目地追求量化,而应根据实际情况以定性指标为主,把定量和定性指标相结合,进而实现对评价对象绩效全面、客观、准确的衡量。

足球俱乐部运动员绩效评价体系主要包括绩效评价内容和绩效评价标准两部分。绩效评价内容详细界定了绩效周期内每个俱乐部运动员的工作任务,也就是说运动员在绩效周期内具体应做什么样的事情,做到什么程度。构建一个科学有效且易于操作的评估指标体系是整个绩效评估工作的核心,评估指标体系在构建过程中必须充分考量评估对象的性质与特点,并要严格遵循绩效评估指标选取的基本原则,通过筛选出的指标,全面、客观、准确地反映出体育组织质量管理的实际水平,确保绩效评估指标体系具有更高的效度和信度。

评价指标是评价标准的具体形式,是对评价对象特征状态的一种表征形式。单个的评价指标,反映评价对象某一方面的特征状态,而由反映评价对象各个方面特征状态的指标所构成的有机整体就是绩效评价的指标体系。绩效评价是绩效考核的核心,建立起科学的绩效评价指标体系,则是绩效评价的关键。在阅读研究当前组织尤其是企业绩效评估的基础上,通过三轮德尔菲法调查以及专家访谈,结合现行足球俱乐部的实际情况,确定出足球俱乐部运动员绩效评价内容以及各指标权重。在评价内容上,分为一级指标、二级指标、三级指标。一级指标包括比赛指标(70%)、训练指标(30%)、辅助指标。下面将详细说明各三级指标的具体含义。

其中,比赛指标细化为各位置球员的技战术表现评价(60%)、比赛纪律表现评价(20%)、球迷媒体综合评价(10%)、球员自评(10%)四项具体指标;训练指标细化为技战术表现评价(40%)、体能表现评价

（40%)、纪律表现评价(40%)三项具体指标;辅助指标细化为荣誉加分、出场时间比率、停赛补偿、违纪扣分四项具体指标,即二级指标(如表7-1)。

　　参与高水平足球比赛是足球运动员运动技能发展的必要条件。目前,我国足球俱乐部的运动员训练中存在过于注重比赛结果和职业足球俱乐部竞赛体系较混乱的现象,要确保职业足球俱乐部的每名球员都有发展机会,要将每一位球员的发展放在首要位置。合理安排职业足球俱乐部不同类型和潜力球员的参赛次数。通过高水平足球竞赛中不同位置球员的比赛技战术表现、球员纪律表现、媒体评价和自我评价等指标评估职业足球俱乐部足球运动员培训绩效。

　　一级指标其二为训练指标。足球运动技战术训练的序列化、科学分期及运动员体能水平的不断改进是足球运动技能现代化训练的主要特征,因此,也是培训质量与绩效评估的重点。我国职业足球俱乐部足球运动员的训练内容主要依据是我国各级政府相关指导性文件、职业足球俱乐部球队建设需要与训练实践需要。我国各级政府相关指导性文件主要对职业足球俱乐部足球运动员训练的指导思想、各年龄段足球运动员的阶段性训练目标、周期性训练计划、训练课教案等进行规制;职业足球俱乐部球队建设是指职业足球俱乐部梯队的数量与足球运动员人数,职业足球俱乐部不但要制订关于其教练员的培训方案,还要通过训练课的内容、方法、组织与效果,以及球队比赛成绩与教练员临场指挥能力等多项指标对教练员的工作进行长期追踪评价,以此促进教练员提高执教水平。

　　一级指标其三为辅助指标。这部分主要是对运动员在赛中的奖惩情况作出整理和判断,作为足球运动员绩效评价的重要一部分,反映出运动员的道德水平、竞技素养、出赛情况等,为运动员综合评价作必要补充。

表 7-1　足球俱乐部运动员绩效评价指标体系一览表

一级指标	二级指标	三级指标
比赛指标 （70%）	技战术表现评价 （60%）	守门员：扑救威胁球的成功率（40%）、失球率（40%）、临场指挥协调能力（20%）； 后卫线：防守成功率（40%）、抢断成功率（20%）、补位成功率（20%）、边后卫助攻成功率（20%） 前卫线：传球成功率（40%）、射门成功率（20%）、拦截、抢断成功率（20%）、跑动距离（20%） 前锋线：射门次数（20%）、射门成功率（30%）、拦截、抢断成功率（10%）、跑动距离（10%）、跑位准确性（10%）、威胁性传球成功率（10%）、创造和把握机会的能力（10%）
	比赛纪律表现评价 （20%）	比赛中能否精力集中、敢打敢拼（30%） 比赛中是否能认真贯彻教练的作战意图（40%） 比赛中是否有较强的团队协作意识（30%）
	球迷媒体综合评价 （10%）	对球员个人技术（30%）、敬业表现（30%）、综合印象(40%)的评价
	球员自评 （10%）	比赛中个人技战术发挥的效果(25%) 比赛中精力集中、敢打敢拼的程度(25%) 比赛中认真贯彻教练的作战意图的程度(25%) 比赛中团队协作意识(25%)
训练指标 （30%）	技战术表现评价 （20%）	技术表现（50%） 战术意识（50%）
	体能表现评价 （40%）	一次通过（指标分的 100%） 一次补测通过（指标分的 60%） 未通过（0 分）
	纪律表现评价 （40%）	出勤率

续表

一级指标	二级指标	三级指标
辅助指标	荣誉加分	入选国家队 入选联赛明星队 联赛当场最佳 俱乐部嘉奖
	违纪扣分	红牌次数 停赛次数 中国足协通报次数 训练缺勤次数 训练迟到次数
	出场时间比率	全队比赛指标得分均值×出场时间/比赛总时间
	停赛补偿	全队比赛指标得分最小值×80%(三场以内),以后每停赛一场,按 10% 递减,即 70%、60%、50% ……0

四、足球俱乐部运动员绩效评价的标准

在表 7-1 的基础上,结合我国职业足球比赛与训练的实际状况,对各三级指标的评价标准进行了确定,详见表 7-2、表 7-3 所示。需要说明的是,因为比赛指标涉及较多,因此分成了表 7-2 和表 7-3 两个表格来展示。

表7-2 足球俱乐部运动员三级评价指标等级评价标准

(比赛指标——技战术表现)

1.1 各位置技战术表现指标		等 级
守门员	扑救威胁球的成功率	70%（含）以上（　）、60%（含）以上（　）、50%（含）以上（　）、40%（含）以上（　）、40%以下（　）
	失球率	40%以下（　）、40%（含）以上（　）、50%（含）以上（　）、60%（含）以上（　）、70%以上（　）
	临场指挥协调能力	很强（　）、较强（　）、一般（　）、较弱（　）、很弱（　）
后卫	防守成功率	70%（含）以上（　）、60%（含）以上（　）、50%（含）以上（　）、40%（含）以上（　）、40%以下（　）
	抢断成功率	70%（含）以上（　）、60%（含）以上（　）、50%（含）以上（　）、40%（含）以上（　）、40%以下（　）
	补位成功率	70%（含）以上（　）、60%（含）以上（　）、50%（含）以上（　）、40%（含）以上（　）、40%以下（　）
	边后卫助攻成功率	70%（含）以上（　）、60%（含）以上（　）、50%（含）以上（　）、40%（含）以上（　）、40%以下（　）
前卫	传球成功率	70%（含）以上（　）、60%（含）以上（　）、50%（含）以上（　）、40%（含）以上（　）、40%以下（　）
	射门成功率	70%（含）以上（　）、60%（含）以上（　）、50%（含）以上（　）、40%（含）以上（　）、40%以下（　）
	拦截、抢断成功率	70%（含）以上（　）、60%（含）以上（　）、50%（含）以上（　）、40%（含）以上（　）、40%以下（　）
	跑动距离	11000米（含）以上（　）、10000米（含）以上（　）、9000米（含）以上（　）、8000米（含）以上（　）、8000米以下（　）

续表

1.1 各位置技战术表现指标		等 级
前锋	射门次数	场均 5 次(含)以上( )、场均 4 次( )、场均 3 次( )、场均 2 次( )、场均 2 次以下( )
	射门成功率	70%(含)以上( )、60%(含)以上( )、50%(含)以上( )、40%(含)以上( )、40%以下( )
	拦截、抢断成功率	70%(含)以上( )、60%(含)以上( )50%(含)以上( )、40%(含)以上( )、40%以下( )
	跑动距离	12000 米(含)以上( )、11000 米(含)以上( )、10000 米(含)以上( )、9000 米(含)以上( )、9000 米以下( )
	跑位准确性	很高( )、较高( )、一般( )、较低( )、很低( )
	威胁性传球成功率	70%(含)以上( )、60%(含)以上( )、50%(含)以上( )、40%(含)以上( )、40%以下( )
	创造和把握机会的能力	很高( )、较高( )、一般( )、较低( )、很低( )

表 7-3 足球俱乐部运动员三级评价指标等级评价标准

（比赛指标的其他指标）

指标		等 级
1.2 比赛纪律表现(各位置运动员)	比赛中精力集中、敢打敢拼的程度	很高( )、较高( )、一般( )、较低( )、很低( )
	比赛中认真贯彻教练的作战意图的程度	很好( )、较好( )、一般( )、较差( )、很差( )
	比赛中团队协作意识	很好( )、较好( )、一般( )、较差( )、很差( )
1.3 球迷媒体评价(各位置运动员)	球员个人技术	很好( )、较好( )、一般( )、较差( )、很差( )
	敬业表现	很好( )、较好( )、一般( )、较差( )、很差( )
	综合印象	很好( )、较好( )、一般( )、较差( )、很差( )

续表

指标		等 级
1.4 球员自评(各位置运动员)	比赛中个人技战术发挥的效果	很好( )、较好( )、一般( )、较差( )、很差( )
	比赛中精力集中、敢打敢拼的程度	很高( )、较高( )、一般( )、较低( )、很低( )
	比赛中认真贯彻教练的作战意图的程度	很好( )、较好( )、一般( )、较差( )、很差( )
	比赛中团队协作意识	很好( )、较好( )、一般( )、较差( )、很差( )

表 7-4　足球俱乐部运动员三级评价指标等级评价标准（训练指标）

指标		等级
2.1 技战术表现	技术表现	很好( )、较好( )、一般( )、较差( )、很差( )
	战术意识	很好( )、较好( )、一般( )、较差( )、很差( )
2.2 体能表现	一次通过	是( )　　否( )
	一次补测通过	是( )　　否( )
	未通过	是( )　　否( )
2.3 纪律表现	出勤率	95%(含)以上( )、90%(含)以上( )、85%(含)以上( )、80%(含)以上( )、80%以下( )

表 7-5　足球俱乐部运动员辅助指标评价表

指　标		标　准	得分
荣誉加分	入选国家队	分	
	入选联赛明星队	分	
	联赛当场最佳	分	
	俱乐部嘉奖	分	
违纪扣分	红牌次数	分/次	
	停赛次数	分/次	
	中国足协通报次数	分/次	
	训练缺勤次数	分/次	
	训练迟到次数	分/次	

续表

	指 标	标 准	得分
出场时间比率	计算公式:全队比赛指标得分均值×出场时间/比赛总时间 很好(×+1.28S)、较好(×+0.52S)、一般(×)较差(×-0.52S)、很差(×-1.28S) ×为全队比赛指标得分均值,S 为全队比赛指标得分的标准差	总分值: 分 等级: 很好( )、较好( )、一般( )、较差( )、很差( )	
停赛补偿	全队比赛指标得分最小值×80%(三场以内),以后每停赛一场,按10%递减,即70%、60%、50%……0	比例: 80%( )、70%( )、60%( )、50%( )、40%( )	

五、足球俱乐部运动员绩效评价的方式

本研究对足球运动员的绩效评价方式,将采用俱乐部领导评价、教练员评价和运动员自评相结合的评价方法,其评价包括俱乐部领导与教练员评价(表7-2 和表7-3)、运动员自评(见表7-3 中的 1.4 球员自评指标)和辅助指标(表7-5)三份问卷,其中辅助指标部分也由俱乐部领导来完成。最后得分为俱乐部领导与教练员所填问卷的均值加上运动员自评分值,再加上(或减去)辅助指标得分。

问卷中采用五级评价的指标分值折算办法:自好至差、自强至弱,分别对应指标总分值的 100%、75%、50%、25%、0。

问卷中采用两级评价的指标分值折算办法:"是""能"持肯定的积极评价对应指标总分值的 100%。相反,"否""不能"持否定的消极评价对应指标得分为 0 分。

辅助指标的标准需由俱乐部领导、教练员与运动员代表协商确定。

六、小结

　　绩效评价标准明确了足球俱乐部运动员的相关要求和职责,有助于保证绩效考核的公正性,便于运动员与教练员、俱乐部管理层进行沟通,借助绩效标准,俱乐部可以鼓舞运动员训练、比赛的热情,提倡竞争,鼓励先进。

　　运动员评价体系的构建应遵循以下原则:完整性原则、科学性原则、客观性原则、可操作性原则、简洁性原则。绩效评价内容包括比赛指标、训练指标、辅助指标三个方面,并采用俱乐部领导评价、教练员评价和运动员自评相结合的评价方法,更合乎俱乐部的实际情况。

　　足球俱乐部运动员评价体系是一项系统复杂的工程,本研究采用了定量与定性相结合的评价方法,在某些方面的评价可能会有些主观性。目前正处于探索尝试的阶段,只是一种尝试,为今后更深入研究打下基础。

参考文献

[1]振兴体育事业 实现强国梦想——习近平总书记关于体育工作重要讲话引起强烈反响[N],光明日报,2017-08-29

[2]国家体育总局,教育部.关于加强竞技体育后备人才培养工作的指导意见[J].青少年体育,2017(12):1-5.

[3]杨再淮.竞技体育后备人才培养[M].北京:人民体育出版社, 2006.

[4]钟秉枢等.社会转型期我国竞技体育后备人才培养及其可持续发展[M].北京体育大学出版社,2003.

[5]梁晓龙,鲍明晓,张林.举国体制[M].北京:人民体育出版社,2006.

[6]Robert May,Angela McLean.理论生态学:原理及应用[M].陶毅,王百桦译,北京:高等教育出版社,2010.

[7]周洪珍.竞技体育人才培养投入与产出效益研究[M].北京:科学出版社,2011.

[8]周建梅.区域经济发展与体育人才培养 [M].北京:北京体育大学出版社,2010.

[9]杨蒙蒙,吴贻刚.竞技体育后备人才培养中政府与社会力量合作博弈分析[J].体育文化导刊,2019(01):11-16.

[10]孙克诚,李赞.结构优化:竞技体育后备人才培养的生态化转变[J].北京体育大学学报,2018,41(09):22-29.

[11]成果辉煌 天津竞技体育2005年力争实现新突破[N].北方网,2005-1-7.

[12]金宗强,等.影响我国竞技体育战略选择的内外部因素分析[J].山东体育学院学报,2005,21(2):24-27.

[13]凌翔.上海竞技体育实力分析——从全运会成绩谈[J].上海体育科研,1994,(2):41-47,13.

[14]罗智.广东省竞技实力研究[J].体育学刊,2003,10(3):134-137.

[15]高松山.河南省竞技体育现状及其后备人才培养对策研究[J].体育科学,2005,(2):26-30.

[16]刘明.山东省竞技体育队伍的现状及发展对策[J].上海体育学院学报,2001,(3):57-60.

[17]谢强.广西竞技体育可持续发展战略研究[J].体育科技,2005,(1):1-3,10.

[18]朱和.浙江参加第七届全运会经费"投入—产出"效益及对策[J].上海体育学院学报,1997,(增刊):87-90.

[19]舒有谟,等."西北地区竞技体育项目的经济性学分析及战略调整"[J].西北师范大学学报(自然科学版),1995,(3):59-63.

[20]王家声.论贵州竞技体育的管理[J].贵州大学学报,1994,(1):81-85.

[21]http://www.tjipe.edu.cn/(天津体育学院网站)

[22]谢亚龙.群众体育与竞技体育孰重孰轻[C].全国体育发展战略研讨会论文汇编.1998.1.5.

[23]徐本力.21世纪中国竞技体育[M].北京:北京体育大学出版社,2001:79-130.

[24]韩丹.概述我国体育运行机制和管理体制的演化[J].哈尔滨体育学院学报,1999,(1):5-8.

[25]司虎克,蔡犁,陈培基,等.影响我国竞技体育发展的主要因素

[J].上海体育学院学报,1999,23(1):5-9.

[26]胡小明.社会发展与体育变革[J].体育与科学,1999,19(4):29-33.

[27]中共中央国务院关于进一步加强和改进新时期体育工作的意见[R].2002.

[28]韩鲁安,周 元.浅论竞赛制度与竞技体育后备人才的培养[J].天津体育学院学报.1997,12(3):38-42.

[29]刘颖.关于市场经济条件下竞技体育后备人才培养方式问题[J].福建体育科技.1995,14(1):28-30.

[30]2001年全国体育发展战略研讨会汇编[R].

[31]谢慧松,王艳丽.我国西部竞技体育项目布局研究[J].体育文化导刊,2009,(11).

[32]余银,沈丽芬.我国竞技体育项目布局重构探讨[J].安徽体育科技,2009,(6).

[33]陈建新.对2008年后我国竞技体育项目布局的探讨[J].广州体育学院学报,2007,(6).

[34]裴立新,刘新光.我国竞技体育备战2008年奥运会项目结构调整与布局研究[J].西安体育学院学报,2006,(1).

[35]陈明,何淑敏,周洪珍.广东省竞技体育后备人才运动项目布局现状与发展研究[J].中国体育科技,2005,(2).

[36]王健,刘文华,曲鲁平等.天津市竞技体育优势及潜优势运动项目的现状调查与对策分析[J].天津体育学院学报,2009,(5).

[37]金宗强.影响我国竞技体育战略选择的内外部因素分析[J].山东体育学院学报,2005,21(2):24-22,71.

[38]李宗浩,裴立新,肖林鹏等.2010年我国竞技体育发展战略[Z].国家哲学社会科学研究项目报告,2004.

[39]刘明.山东省竞技体育队伍的现状及发展对策[J].上海体育学院学报,2001,(3):57-60.

[40]谢强.广西竞技体育可持续发展战略研究[J].体育科技,2005,(1):1-3,10.

[41]虞重干,刘志民.我国竞技体育可持续发展的现状与存在的问题[J].上海体育学院学报,2000,24(2):8-12.

[42]李岚清.大力发展体育事业,健民强国为实现中华民族的伟大复兴而努力[R].在全国体育工作会议上的讲话.2002.

[43]汝信,陆学艺,李培林,等.2002年中国社会形势分析与预测[M].北京:社会科学文献出版社,2002.

[44]牛文元,刘毅,李喜先,等.2002年中国可持续发展报告[M].北京:科学出版社,2002.

[45]厉丽玉.竞技队伍与人才培养[J].浙江体育科学,2000,22(3):23-26.

[46]王浣尘.可持续发展概论[M].上海:上海交通大学出版社,2000.

[47]黄勇,纪根立,刘关根,等.浙江社会20发展年[M].杭州:浙江人民出版社,1998.

[48]国家体委经济司.体育事业统计年鉴[R].。2000.

[49]浙江体育局计划财务处.浙江体育事业统计年报[Z].1998-2001.

[50]崔大林.社会主义市场经济条件下业余训练的思路与对策[A].战略抉择——2001年全国体育发展战略研讨会文集[C].北京:国家体育总局政策法规司,2001.168-177.

[51]中共中央国务院.关于进一步加强和改进新时期体育工作的意见[Z].中国体育报,20022082271.

[52]谢亚龙,王汝英.中国优势竞技项目制胜规律[M].北京:人民体育出版社,1992.

[53]金宗强.影响我国竞技体育战略选择的内外部因素分析[J].山东体育学院学报,2005,21(2):24-22,71.

[54]李宗浩,裴立新,肖琳鹏等.2010年我国竞技体育发展战略[Z].国家哲学社会科学研究项目报告,2004.

[55]崔宝华.MBA人力资源整合[M].安徽.安徽人民出版社.2002.

[56]肖林鹏,唐立慧.我国竞技体育人力资源调控目标与任务初探.[J]解放军体育学院学报,2003(10).

[57]肖林鹏.社会转型期竞技体育资源实施优化配置之必要性探讨.[J]西安体育学院学报,2002,19(2).

[58]肖林鹏.中国竞技体育资源调控与可持续发展[D].北京.北京体育大学博士学位论文,2003.

[59]韩春利.我国高校体育教育人力资源开发与管理机制现状分析及运作模式的研究:[硕士学位论文]曲阜.曲阜师范大学,2000.

[60]邱建钰.转型期我国竞技体育资源配置及政府宏观调控[D]福建师范大学硕士学位论文,2005.

[61]邓春菊.我国竞技体育人力资源配置模式研究[D]福建.湖南师范大学硕士学位论文,2005.

[62]刘兵.新编体育管理学教程[M].上海:复旦大学出版社,2002.

[63]田雨普.大型体育赛事的经营管理[M].北京:人民教育出版社,2007.

[64]谷晨.现代竞技器材装备研发的组织运作类型[J].北京体育大学学报,2006,29(11).

[65]谷晨.现代竞技器材装备研发的影响因素[J].北京体育大学学报,2006(2).

[66]谢旭东.竞技体育信息化动因分析及对策研究[J].沈阳体育学院学报,2007,26(3).

[67]肖林鹏.中国竞技体育人力资源调控研究[J].沈阳体育学院学报2004,21(2).

[68]李风华,王琰.竞技体育与信息技术[J].广州体育学院学报

2004,24(4).

[69]钱津.现代信息技术在竞技体育中的应用[J].福建体育科技 2002,21(4).

[70]刘雪松,胡敏娟.体育信息为竞技体育服务的模式研究[J].成都体育学院学报 2007,33(6).

[71]马新建,时巨涛等.人力资源管理与开发[M].北京.石油工业出版社,2004.

[72]天津市十四届人大第三次会议政府工作报告全文[N].北方网,2005-01-31.

[73]仲伟周,曹永利.我国非营利组织的绩效考核指标体系设计研究[J].科研管理,2006,27(3):119.

[74]金宗强.我国优秀排球运动员专项体能评价体系与诊断方法的研究[D].北京体育大学,2004:34.

[75]张洪振.我国职业体育俱乐部人力资源绩效评价弊端分析[J].天津体育学院学报,2005,20(5):52-56.

[76]韩冬,骆玉峰.我国职业体育俱乐部评价系统模式分析[J].中国体育科技,2004,40(5):27-30.

[77]高雪峰.论竞技体育功能多元化与政府之间的关系[J].武汉体育学院学报,2004,38(2):1-3.

[78]周晓虹.冲突与认同:全球化背景下的代际关系 [J].社会,2008(2):20.

[79]黄勇,邹克宁.中国竞技体育多元功能分析与评价[J].武汉体育学院学报,2001,35(1):23-27.

[80]惠艳,韩永搏,刘洋.竞技体育运动训练中应树立"以人为本"的新思想[J].吉林体育学院学报,2005,21(2):29-30.

[81]话说体彩公益金之一:248 亿元办了多少实在事[EB/OL]http://www.sports.cn/2004/11/03.

[82]杜敏.以人为本与和谐社会[D].昆明:云南师范大学,2005.

[83]张振东,黄迎乒,张涛,等.完善和发挥我国竞技体育举国体制优势的研究[J].广州体育学院学报,2002,22(5):7-11.

[84]徐本力.体育强国、竞技体育强国、大众体育强国内涵的诠释与评析[J].天津体育学院学报,2009,24(2).

附件 1：天津市竞技人力资源现状调查问卷

说明

本次调查活动是"2008 年奥运会省市竞争格局与天津市竞技人力资源培育方案的研究"课题组进行的调查活动。我们希望通过此次调查了解天津市竞技人力资源现状及其政策环境状况。您对问卷中任何题目的答复都将对课题研究具有重要的参考价值。我们会对您提供的数据严格保密，请如实提供贵单位的基本情况。

问卷填写人应该是单位主管人力资源的领导。

填空题请填写具体内容，选择题直接在可选答案的英文字母编码上打√即可。

第一部分：填写人基本情况

填写人姓名：_____ 部门：_____ 职务：_____

联系电话：_____ 传真：_____ Email：_____

通信地址：_____

邮政编码：_____

第二部分：单位基本情况

1. 贵单位名称：

2. 贵单位所在地： 天津 市　　　　　　区

3. 贵单位属于哪一规模及类型：

A.省体育局;B.区体育局;C.体育传统项目学校;D.其他:(   )请填写

4.贵单位人员总数:(   )人

人员分布与基本情况:

管理人员(   )人、教练员(   )人、运动员(   )人、裁判员(   )人、科研人员(   )人、医务人员(   )人

年龄、学历、职务(或职称)、运动等级(裁判等级)、相关业绩等基本情况,

第三部分:单位人力资源制度建设情况

5.贵单位有无职工手册?是否认真遵守?

A.有,认真遵守;B.有,没有认真遵守;C.正在建立;D.拟建;E.无

6.贵单位有无与单位发展战略相结合的人力资源规划?是否遵照规划实施?

A.有,按规划实施;B.有,实施不力;C.正在建立;D.拟建;E.无

7.贵单位有无明文的岗位管理办法?是否按办法执行?

A.有,按办法执行;B.有,执行不力;C.正在建立;D.拟建;E.无

8.贵单位有无明文的人员招聘录用制度?是否按制度执行?

A.有,按制度执行;B.有,执行不力;C.正在建立;D.拟建;E.无

9.贵单位有无明文的劳动合同管理制度?是否按制度执行?

A.有,按制度执行;B.有,执行不力;C.正在建立;D.拟建;E.无

10.贵单位有无成文的定期考核制度?是否按制度执行?

A.有,按制度执行;B.有,执行不力;C.正在建立;D.拟建;E.无

11.贵单位有无新职工岗前培训或新职工见习制度?是否按制度执行?

A.有,按制度执行;B.有,执行不力;C.正在建立;D.拟建;E.无

12.贵单位有无明文发布的培训制度?是否按制度执行?

A.有,按制度执行;B.有,执行不力;C.正在建立;D.拟建;E.无

13.贵单位有无明文发布的奖惩制度?是否按制度执行?

A. 有,按制度执行;B. 有,执行不力;C. 正在建立;D. 拟建;E. 无

14. 贵单位有无明文发布的薪酬制度? 是否按制度执行?

A. 有,按制度执行;B. 有,执行不力;C. 正在建立;D. 拟建;E. 无

15. 贵单位有无职工社会保障制度? 是否按制度执行?

A. 有,按制度执行;B. 有,执行不力;C. 正在建立;D. 拟建;E. 无

16. 贵单位有无干部竞聘上岗制度? 是否按制度执行?

A. 有,按制度执行;B. 有,执行不力;C. 正在建立;D. 拟建;E. 无

17. 有无后备干部管理办法? 是否按办法执行?

A. 有,按办法执行;B. 有,执行不力;C. 正在建立;D. 拟建;E. 无

18. 贵单位有无职工职业生涯发展计划? 是否按计划执行?

A. 有,按计划执行;B. 有,执行不力;C. 正在建立;D. 拟建;E. 无

19. 贵单位有无职工合理化建议制度? 是否按制度执行?

A. 有,按制度执行;B. 有,执行不力;C. 正在建立;D. 拟建;E. 无

20. 贵单位的人力资源管理制度主要是:

A. 自己建立;B. 咨询单位建立;C. 上级单位建立;D. 借用其他单位;

E. 结合几种办法

21. 职工是否了解单位的人力资源管理制度?

A. 非常了解; B. 比较了解; C. 一般; D. 不太了解; E. 不了解

第四部分　贵单位人力资源管理状况

组织与人员结构

22. 贵单位的组织机构的设置是否适合单位的特点和规模?

A. 非常适应; B. 比较适应; C. 一般; D. 不太适应; E. 不适应

23. 贵单位是否需要进行组织结构的调整?

A. 非常需要; B. 比较需要; C. 只需要局部调整; D. 不需要

24. 贵单位各部门职能定位、职责的划分是否清晰?

A. 非常清晰; B. 比较清晰; C. 一般; D. 不太清晰; E. 不清晰

25.贵单位部门之间的沟通协调是否有效？

A.非常有效； B.比较有效； C.一般； D.基本无效； E.无效

26.贵单位部门领导与职工配置的比例是否适当？

A.非常适当;B.比较适当;C.一般;D.不太适当;E.不适当

27.贵单位人员的专业、能力、知识等结构是否适应组织的发展？

A.非常适应;B.比较适应;C.应进行调整;D.不太适应;E.很不适应

岗位管理

28.贵单位近几年内做过岗位分析及岗位描述吗？

A.做过;B.正在做;C.准备做;D.不打算做

29.贵单位的岗位分析是否建立在组织结构调整的基础上？

A.是的;B.基本上是的;C.只是局部调整;D.没有调整

30.贵单位岗位设置是否合理(精简高效)？

A.非常合理;B.比较合理; C.一般; D.不太合理;E.因人设岗

31.贵单位的人与岗位是否匹配？

A.非常匹配; B.比较匹配; C.一般; D.不太匹配; E.不匹配

32.贵单位岗位分析结果主要应用在(可多选)：

A.招聘;B.考核;C.培训;D.薪酬设计;E.职业生涯规划

F.人员岗位调整;G.其他(　　　)请填写

33.岗位分析对贵单位的人力资源管理工作发挥的作用如何？

A.非常大;B.比较大;C.一般;D.有一点;E.没有

人员选聘

34.贵单位招聘普通职工采用的主要渠道是(限选3项)：

A.职业介绍所;B.媒体广告;C.招聘会;D.朋友介绍;E.人才交流中心;

F.校园招聘;G.猎头单位;H.其他(　　　)请填写

35.贵单位录用人员主要来源于(限选2项)：

A.毕业生;B.社会招聘;C.复转军人;D.劳务派遣;E.其他(　　　)请

填写

36. 贵单位人员选聘的主要方法(可多选):

A. 面试; B. 心理测试; C. 知识考试; D. 竞聘演讲; E. 其他

37. 贵单位人才选拔的程序和方法是否合理?(指公开、公平、公正、科学)

A. 非常合理; B. 比较合理; C. 一般; D. 不太合理; E. 不合理

38. 贵单位是否实现了人员升降、进入和退出的流动机制?

A. 已实现; B. 部分实现; C. 基本没有实现; D. 没有实现

绩效管理

39. 贵单位对职工实行绩效考核吗?(回答实行的,请继续回答以下问题)

A. 实行; B. 没有实行; C. 准备实行; D. 不打算实行

40. 贵单位职工考核的周期主要有(可多选):

A. 日考核; B. 周考核; C. 月考核; D. 季度考核; E. 半年考核; F. 年度考核; G. 项目周期考核

41. 贵单位主要采用的考核方法是(可多选):

A. 关键绩效指标; B. 平衡积分卡; C. 工作述职法; D. 目标考核法; E. 民主评议法; F. 其他:

42. 贵单位是否按不同类别的职工建立了不同的绩效考核指标体系?

A. 是的; B. 基本上是的; C. 基本不是; D. 不是

43. 贵单位考核的程序、内容、方法是否合适?

A. 非常合适; B. 比较合适; C. 一般; D. 不太合适; E. 不合适

44. 贵单位职工绩效考核结果是否有效用于(可多选):

A. 调薪(是、否); B. 职务晋升(是、否); C. 岗位调整(是、否); D. 奖金分配(是、否); E. 待岗(是、否); F. 培训(是、否); G. 其他(   )请填写(是、否)

45. 贵单位实施的绩效考核对职工奖惩的影响如何?

A. 非常大;B. 比较大;C. 一般;D. 有一点;E. 没有

职工培训

46. 贵单位提取使用培训经费占职工工资总额的比例是:

A.0.5%以下;B.0.5%;C.1%;D.1.5%;E.1.5%以上;

47. 贵单位的职工培训是否建立在培训需求分析的基础上?

A. 是的;B. 基本上是的;C. 基本不是; D. 不是

48. 贵单位人才培训是否与职工能力开发、职业发展有机结合?

A. 紧密结合;B. 基本结合;C. 一般; D. 基本没有;E. 没有

49. 贵单位职工培训的主要方式是(可多选):

A. 内部培训;B. 外部短训;C. 学历教育;D. 自学;E. 其他(   )请填写

50. 贵单位对培训效果进行跟踪评价吗?

A. 进行;B. 没有进行;C. 准备进行;D. 不打算进行

51. 贵单位实施的培训对改善职工绩效作用如何?

A. 非常大;B. 很大;C. 一般;D. 有一点;E. 没有

52. 职工培训结果对其晋升是否有影响?

A. 影响很大;B. 有些影响;C. 不影响

薪酬管理

53. 单位职工对目前的薪酬水平是否满意?

A. 非常满意; B. 很满意;C. 基本满意 D. 不满意;E. 非常不满

54. 贵单位职工的薪酬结构主要由哪些项目构成(可多选):

A. 岗位工资;B. 职务工资;C. 年功工资;D. 技能工资;E. 各种津贴;F. 奖金;G. 佣金(含项目提成);H. 长期激励

55. 贵单位职工的固定工资占其总收入的大致比例:

A.20%以下;B.20%~40%;C.40%~60%;D.60%~80%;E.80%以上

56. 贵单位职工工资标准是如何确定的(可多选)?

A. 根据本单位历史水平;B. 参照同类企业经验数据;C. 主管机构规定的

标准;D.参照薪酬调查结果;E.单位财务状况;F.沿袭事业单位标准;H.其他( )请填写

57.贵单位人均月工资:

A.800元以下;B.800—1200元;C.1200—1800元;D.1800—2500元;

E.2500—3500元;F.3500—5000元;G.5000—8000元;H.8000元以上

58.目前企业职工工资结构与企业的性质是否相符?

A.相符;B.比较符合;C.一般;D.不太相符;F.不相符

59.若贵单位采用长期激励的主要形式(可多选):

A.股票;B.股票期权;C.虚拟股权;D.其他( )请填写

60.贵单位人工成本占单位总成本的比例:

A.10%以下;B.10%~30%;C.30%~50%;D.50%~60%;E.60%以上

61.职工的工作绩效和能力是否在薪酬管理中有所体现?

A.非常大;B.比较大;C.一般;D.有一点;E.没有

劳动关系与社会保障

62.贵单位参加社会保障项目(可多选):

A.基本养老保险;B.基本医疗保险;C.失业保险;D.工伤保险;

E.计划生育保险;F.住房公积金;G.补充养老保险;H.补充医疗保险;

I.其他

63.贵单位职工社会保障制度是否覆盖企业全体从业人员?

A.全部覆盖;B.基本覆盖;C.部分覆盖;D.没覆盖

64.单位是否建立了工会组织?

A.有;B.没有

65 如果有,重大管理问题是否征求工会意见?

A.是;B.否

67.单位签订劳动合同的人数占职工总数的_____%。

68.近三年发生劳动争议_____起;争议的主要原因(开放式):

高层管理人员

69. 贵单位高层管理人员的产生方式？

A. 上级或行业主管机构任命；B. 在贵单位内部聘任；C. 社会招聘；

D. 其他(　　)请填写

70. 贵单位有无建立高层管理人员任职资格体系？

A. 有；B. 没有；C. 准备建立；D 不打算建立

71. 贵单位高层管理人员的薪酬项目包括(可多选)：

A. 岗位工资；B. 职务工资；C. 年功工资；D. 技能工资；E. 各种津贴；F. 奖

金；G. 长期激励

回答有"长期激励"的，请继续回答 72 题

72. 贵单位高层管理人员长期激励主要包括(可多选)：

A. 股票；B. 股票期权；C. 虚拟股权；D. 其他(　　　)请填写

73. 贵单位高层管理人员的考核主体是(可多选)：

A. 董事会考核；B. 主管部门考核；C. 群众评议；D. 其他(　　　)请填写

74. 贵单位高层管理人员的首要考核内容是：

A. 业绩目标；B. 个人品质；C. 能力；D. 其他(　　　)请填写

75. 贵单位高层管理人员的培训方式(可多选)：

A. 工作实践；B. 脱产学习；C. 自学；D. 出国或到其他贵单位考察；E. 轮

岗；F. 其他(　　　)请填写

76. 贵单位总经理的薪酬收入是职工平均收入的多少倍？

A. 50 倍以上；B. 50—25 倍；C. 25—20 倍；D. 20—15 倍；

E. 15—10 倍；F. 10—6 倍；G. 6—3 倍；H. 3 倍以下

第五部分　单位人力资源状况

77. 贵单位职工性别分布情况:男职工人数:　　　　　;女职工人数:　　　　

78. 贵单位职工年龄分布情况:

A. 20 岁以下　　　%;B. 21-30 岁　　　%;C. 31-40 岁　　　%;

D. 41-50 岁　　　%;E. 51-60 岁　　　%;F. 60 岁以上　　　%

79. 贵单位职工学历分布情况:

A. 初中及以下　　　%;B. 高中(含职高、中专、技校)　　　%;

C. 大专　　　%;D. 大学本科　　　%;E. 研究生及以上　　　%

80. 贵单位有无专门的人力资源管理部门?

A. 有;B. 其他部门行使人力资源管理职能;C. 人力资源管理职能外包给其他单位

81. 贵单位内从事人力资源管理工作的职工有　　　　人

82. 贵单位内从事人力资源管理工作的职工学历分布情况。

A. 初中及以下　　　%;B. 高中(含职高、中专、技校)　　　%;

C. 大专　　　%;D. 大学本科　　　%;E. 研究生及以上　　　%

83. 贵单位高层管理人员人数:　　　　;其中女性人数:　　　　人;高管人员平均年龄:　　　　;本科以上学历人数:　　　　

第六部分:开放式问题

(可另附纸做答)

84. 贵单位未来 1-2 年内人力资源管理工作的重点有哪些?

85. 影响贵单位人力资源管理制度体系建设的主要因素(包括政策、观念、技术等)有哪些?

附件 2：天津市竞技体育发展规划的项目布局调查问卷（专家用）

尊敬的专家：

　　您好！

　　感谢您拨冗参与此次问卷调查,本问卷是一份纯学术性研究问卷,主要为满足天津市竞技体育项目布局研究需要。作为一名竞技体育领域的专家,您的意见对本研究具有非常高的价值,将为本课题提供重要的研究依据,对于我市竞技体育水平的提高有着重要意义。请您根据您的理解或者实际情况进行回答,并请您不要遗漏任何一个问题,以确保本问卷的完整性。

　　本次调查将尊重您的个人隐私,您所填写的资料仅仅作为学术研究之用。

　　感谢您的帮助与合作! 感谢您对天津市竞技体育所做的贡献!

　　请您在要选择的答案处划"√",或者填写您的宝贵意见(在其他项空白处)

　　1.您对天津市竞技体育在十一运会上取得的成绩的评价为?

　　①很好　②较好　③一般　　④较差　　⑤很差

　　2.您认为天津市竞技体育在十一运会上取得的成绩与天津市的直辖市地位是否相符?

　　①很符合　②比较符合　③基本符合　④比较不符合 ⑤很不符合

3. 您认为天津市竞技体育之所以取得目前的成绩主要得益于？（可以多选）

①良好的经济保障　②适宜的管理体制　③合理的项目布局

④优异的人力资源 ⑤领导的重视与鼎力支持 ⑥其他

4. 您认为天津市竞技体育的优势项目主要有哪些？（可以多选）

①网球　②排球　③棒垒球　④篮球　⑤足球　⑥跳水　⑦游泳

⑧柔道　⑨跆拳道　⑩武术　⑪摔跤　⑫自行车　⑬田径

⑭射击　⑮举重　⑯乒乓球　⑰水球　⑱体操　⑲击剑　其他

5. 促使这些项目成为优势项目的主要因素有哪些？（可以多选）

①适宜的自然环境　②优秀的后备人才　③优秀的教练员队伍

④适宜的社会环境　⑤足够的经济保障　⑥良好的管理体制

⑦其他

6. 请您对天津市竞技体育人才的性别均衡问题进行评价。

①很均衡　②比较均衡　③基本均衡 ④比较不均衡　⑤很不均衡

7. 出现目前这种性别均衡问题的主要原因有哪些？（可以多选）

①后备人才性别不均衡　②缺乏适宜训练手段　③经济投入存在项目性别差异　④训练条件　⑤项目布局具有性别倾向　⑥其他

8. 请您对天津市竞技体育项目布局现状进行评价。

①很好　②较好　③一般　④较差　⑤很差

9. 影响目前这种项目布局现状出现的主要原因有哪些？（可以多选）

①全运战略影响　②项目特征决定　③经济基础决定　④教练员人才资源决定　⑤运动员后备情况决定　⑥奥运战略影响　⑦其他

10. 如果要进一步提高天津市竞技体育的水平，您认为对目前项目布局进行完善的必要性如何？

①很有必要　②有必要 ③无所谓　④没有必要　⑤完全没必要

11. 您认为当前天津市经济发展水平满足天津市竞技体育项目布局改善的可能性如何？

①完全可以　②基本可以　③不好说　④不大可能　⑤完全不可能

12. 您认为哪些竞技体育项目需要作出调整？（可以多选）

①网球　②排球　③棒垒球　④篮球　⑤足球　⑪摔跤　⑫自行车　⑬田径　⑭射击　⑮举重　⑯乒乓球　⑰水球　⑱体操　⑲击剑　⑳水上项目　㉑航模　㉒蹦床　㉓羽毛球　㉔台球　㉖马术　㉗射箭　其他

13. 您认为天津市竞技体育项目调整应采用哪种方式更为适合？

①根据空缺增设新大项　②在原有大项上补充新的小项　③删减成绩较差项目　④其他

14. 您认为天津市人口现状和竞技体育人才储量为项目布局改善提供保障的可能性如何？

①完全可以　②基本可以　③不好说　④不大可能　⑤完全不可能

15. 如果不能提供保障,如何解决竞技体育人才问题？（可以多选）

①直接引进高水平运动员　②引进后备运动员　③同时引进后备运动员和高水平教练员　④完善选材机制,自己培养　⑤加强体教结合,立足自足培养　⑥提高宣传,完善竞技体育激励机制

16. 您认为天津市竞技体育训练的场地设施能否满足项目布局调整的需要？

①完全可以　②可以　③不好说　④不可以　⑤完全不可以

17. 如果不能提供保障,如何解决场地设施问题？（可以多选）

①加大政府经济投入　②体教结合,与高校合作　③竞技体育市场化,鼓励社会参与　④其他

18. 您认为天津市竞技体育教练员水平是否满足项目布局调整的需要？

①完全可以　②可以　③不好说　④不可以　⑤完全不可以

19.如果不能满足,如何解决教练员人才问题?

①直接引进高水平教练员   ②完善培训机制,本地培养   ③选拔教练员到高水平地区学习   ④其他

20.您认为目前天津市竞技体育管理体制是否能够满足我市竞技体育发展的需要?

①完全可以   ②可以 ③不好说   ④不可以   ⑤完全不可以

21.如果不满足,请您给出改革意见。

问卷结束,再次感谢您的协助!

附件 3:天津市竞技体育发展规划的项目布局调查问卷(项目负责人用)

尊敬的项目负责人:

_____:您好!

感谢您拨冗参与此次问卷调查,本问卷是一份纯学术性研究问卷,主要为满足天津市竞技体育项目布局研究需要。作为一名竞技体育领域的专家,您的意见对本研究具有非常高的价值,将为本课题提供重要的研究依据,对于我市竞技体育水平的提高有着重要意义。请您根据您的理解或者实际情况进行回答,并请您不要遗漏任何一个问题,以确保本问卷的完整性。

本次调查将尊重您的个人隐私,您所填写的资料仅作为学术研究之用。

感谢您的帮助与合作! 感谢您对天津市竞技体育所做的贡献!

您的姓名:

职称/职务:

工作单位: 负责项目:

联系电话: E-mail:

填写说明:请您在要选择的答案处划"√",或者填写您的宝贵意见。

1.您对您所负责的项目在十一运会上取得成绩的评价为_____?

①很好 ②较好 ③一般 ④较差 ⑤很差

2. 您认为您所负责的项目之所以取得目前的成绩主要得益于____。（可以多选）

①良好的经济保障　②适宜的管理体制　③合理的项目布局

④优秀的教练员队伍　⑤良好的梯队建设

3. 您认为您所负责的项目的优势小项是哪个（些）？

（请在此填写）

4. 促使这些项目成为优势项目的主要因素有哪些？（可以多选）

①适宜的自然环境　②优秀的后备人才　③优秀的教练员队伍

④适宜的社会环境　⑤足够的经济保障　⑥良好的管理体制　⑦其它

5. 请您对您所负责的项目队员的性别均衡问题进行评价。

①很均衡　②比较均衡　③基本均衡　④比较不均衡　⑤很不均衡

6. 您认为出现目前这种性别均衡问题的主要原因有哪些？（可以多选）

①人才后备性别不均衡　②缺乏适宜训练手段　③经济投入存在项目性别差异　④训练条件　⑤项目布局具有性别倾向

7. 请您对您所负责项目的布局现状进行评价。

①很好　②较好　③一般　④较差　⑤很差

8. 影响目前这种项目布局现状出现的主要原因有哪些？（可以多选）

①全运战略影响②项目特征决定　③经济基础决定　④教练员人才资源决定　⑤运动员后备情况决定

9. 如果要进一步提高该项目的水平，您认为是否有必要对项目布局进行改善？

①很有必要　②有必要　③无所谓　④没有必要　⑤很没必要

10. 您认为天津市的经济发展能否为您负责项目的布局改善提供

保证?

①完全可以　②可以 ③不好说　④不可以　⑤完全不可以

11. 您认为哪些项目需要调整?

请在此填写

12. 您认为您所负责项目的的调整采用哪种方式更为适合?

①根据情况增加男(女)子项目　②在原有基础上补充新的小项 ③删减成绩较差项目　④其他

13. 您认为天津市的人口现状和竞技体育人才后备能够给该项目布局改善提供保障?

①完全可以　②可以 ③不好说　④不可以　⑤完全不可以

14. 如果不能提供保障,如何解决项目人才问题? (可以多选)

①直接引进高水平运动员　②引进后备运动员 ③同时引进后备运动员和高水平教练员　④完善选材机制,自己培养　⑤提高宣传,完善竞技体育激励机制

15. 您认为该项目目前训练的场地设施能否满足项目布局调整的需要?

①完全可以　②可以 ③不好说　④不可以　⑤完全不可以

16. 如果不能提供保障,如何解决场地设施问题? (可以多选)

①加大政府经济投入　②体教结合,与高校合作 ③竞技体育市场化,鼓励社会参与　④其他

17. 您认为天津市目前该项目教练员水平是否满足项目布局调整的需要?

①完全可以　②可以 ③不好说　④不可以　⑤完全不可以

18. 如果不能满足,如何解决教练员人才问题?

①直接引进高水平教练员　②完善培训机制,本地培养③选拔教练员到高水平地区学习④其他

19. 您认为目前天津市竞技体育管理体制是否能够满足你所负责项目发展的需要?

①完全可以　②可以 ③不好说　④不可以　⑤完全不可以

20. 如果不满足,请您给出改革意见。

问卷结束,再次感谢您的协助!

附件4:足球俱乐部运动员绩效评价相关表格

一、运动员评价表(公司领导、教练员填写)

运动员姓名:_____   场上位置:守门员

指　　标	等　　级
1.比赛指标	
1.1技战术	
扑救威胁球的成功率	70%(含)以上　　(　　) 60%(含)以上　　(　　) 50%(含)以上　　(　　) 40%(含)以上　　(　　) 40%以下　　　　(　　)
失球率	40%以下　　　　(　　) 40%(含)以上　　(　　) 50%(含)以上　　(　　) 60%(含)以上　　(　　) 60%以上　　　　(　　)
临场指挥协调能力	很强　(　　) 较强　(　　) 一般　(　　) 较弱　(　　) 很弱　(　　)

指　　标	等　　级
1.2 比赛纪律表现	
比赛中精力集中、敢打敢拼的程度	很高　（　　　） 较高　（　　　） 一般　（　　　） 较低　（　　　） 很低　（　　　）
比赛中认真贯彻教练的作战意图的程度	很好　（　　　） 较好　（　　　） 一般　（　　　） 较差　（　　　） 很差　（　　　）
比赛中团队协作意识	很好　（　　　） 较好　（　　　） 一般　（　　　） 较差　（　　　） 很差　（　　　）
1.3 球迷媒体评价	
球员个人技术	很好　（　　　） 较好　（　　　） 一般　（　　　） 较差　（　　　） 很差　（　　　）
敬业表现	很好　（　　　） 较好　（　　　） 一般　（　　　） 较差　（　　　） 很差　（　　　）

指　标	等　级
综合印象	很好　（　　　） 较好　（　　　） 一般　（　　　） 较差　（　　　） 很差　（　　　）
2. 训练指标	
2.1 技战术表现	
技术表现	很好　（　　　） 较好　（　　　） 一般　（　　　） 较差　（　　　） 很差　（　　　）
战术意识	很好　（　　　） 较好　（　　　） 一般　（　　　） 较差　（　　　） 很差　（　　　）
2.2 体能表现	
一次通过	是(　　　)　　　否(　　　)
一次补测通过	是(　　　)　　　否(　　　)
未通过	是(　　　)　　　否(　　　)
2.3 纪律表现	
出勤率	95%（含）以上　　　　（　　　） 90%（含）以上　　　　（　　　） 85%（含）以上　　　　（　　　） 80%（含）以上　　　　（　　　） 80%以下　　　　　　（　　　）

运动员姓名:＿＿＿＿＿　　　　场上位置:后卫

指　　标	等　　级
1.比赛指标	
1.1 技战术	
防守成功率	70%(含)以上　　(　) 60%(含)以上　　(　) 50%(含)以上　　(　) 40%(含)以上　　(　) 40%以下　　　　(　)
抢断成功率	70%(含)以上　　(　) 60%(含)以上　　(　) 50%(含)以上　　(　) 40%(含)以上　　(　) 40%以下　　　　(　)
补位成功率	70%(含)以上　　(　) 60%(含)以上　　(　) 50%(含)以上　　(　) 40%(含)以上　　(　) 40%以下　　　　(　)
边后卫助攻成功率	70%(含)以上　　(　) 60%(含)以上　　(　) 50%(含)以上　　(　) 40%(含)以上　　(　) 40%以下　　　　(　)
1.2 比赛纪律表现	
比赛中精力集中、敢打敢拼的程度	很高　(　) 较高　(　) 一般　(　) 较低　(　) 很低　(　)

指　标	等　级
比赛中认真贯彻教练的作战意图的程度	很好　（　　） 较好　（　　） 一般　（　　） 较差　（　　） 很差　（　　）
比赛中团队协作意识	很好　（　　） 较好　（　　） 一般　（　　） 较差　（　　） 很差　（　　）
1.3 球迷媒体评价	
球员个人技术	很好　（　　） 较好　（　　） 一般　（　　） 较差　（　　） 很差　（　　）
敬业表现	很好　（　　） 较好　（　　） 一般　（　　） 较差　（　　） 很差　（　　）
综合印象	很好　（　　） 较好　（　　） 一般　（　　） 较差　（　　） 很差　（　　）

指　　标	等　　级
2. 训练指标	
2.1 技战术表现	
技术表现	很好　（　　） 较好　（　　） 一般　（　　） 较差　（　　） 很差　（　　）
战术意识	很好　（　　） 较好　（　　） 一般　（　　） 较差　（　　） 很差　（　　）
2.2 体能表现	
一次通过	是(　　)　　　否(　　)
一次补测通过	是(　　)　　　否(　　)
未通过	是(　　)　　　否(　　)
2.3 纪律表现	
出勤率	95%(含)以上　　　　（　　） 90%(含)以上　　　　（　　） 85%(含)以上　　　　（　　） 80%(含)以上　　　　（　　） 80%以下　　　　　　（　　）

运动员姓名:_____ 场上位置:<u>前卫</u>

指 标	等 级
1. 比赛指标	
1.1 技战术	
传球成功率	70%(含)以上 　　(　) 60%(含)以上 　　(　) 50%(含)以上 　　(　) 40%(含)以上 　　(　) 40%以下 　　　　(　)
射门成功率	70%(含)以上 　　(　) 60%(含)以上 　　(　) 50%(含)以上 　　(　) 40%(含)以上 　　(　) 40%以下 　　　　(　)
拦截、抢断成功率	70%(含)以上 　　(　) 60%(含)以上 　　(　) 50%(含)以上 　　(　) 40%(含)以上 　　(　) 40%以下 　　　　(　)
跑动距离	11000 米(含)以上 　(　) 10000 米(含)以上 　(　) 9000 米(含)以上 　　(　) 8000 米(含)以上 　　(　) 8000 米以下 　　　　(　)
1.2 比赛纪律表现	
比赛中精力集中、敢打敢拼的程度	很高 　(　) 较高 　(　) 一般 　(　) 较低 　(　) 很低 　(　)

续表

指　　标	等　　级
比赛中认真贯彻教练的作战意图的程度	很好　（　　） 较好　（　　） 一般　（　　） 较差　（　　） 很差　（　　）
比赛中团队协作意识	很好　（　　） 较好　（　　） 一般　（　　） 较差　（　　） 很差　（　　）
1.3 球迷媒体评价	
球员个人技术	很好　（　　） 较好　（　　） 一般　（　　） 较差　（　　） 很差　（　　）
敬业表现	很好　（　　） 较好　（　　） 一般　（　　） 较差　（　　） 很差　（　　）
综合印象	很好　（　　） 较好　（　　） 一般　（　　） 较差　（　　） 很差　（　　）

指　　标	等　　级
2. 训练指标	
2.1 技战术表现	
技术表现	很好 （　　　） 较好 （　　　） 一般 （　　　） 较差 （　　　） 很差 （　　　）
战术意识	很好 （　　　） 较好 （　　　） 一般 （　　　） 较差 （　　　） 很差 （　　　）
2.2 体能表现	
一次通过	是(　　　)　　　否(　　　)
一次补测通过	是(　　　)　　　否(　　　)
未通过	是(　　　)　　　否(　　　)
2.3 纪律表现	
出勤率	95%（含）以上　　　（　　　） 90%（含）以上　　　（　　　） 85%（含）以上　　　（　　　） 80%（含）以上　　　（　　　） 80%以下　　　　　　（　　　）

运动员姓名：_____　　　场上位置：前锋

指　　标	等　　级
1. 比赛指标	
1.1 技战术	
射门次数	场均 5 次(含)以上　　(　　) 场均 4 次(含)以上　　(　　) 场均 3 次(含)以上　　(　　) 场均 2 次(含)以上　　(　　) 场均 2 次以下　　　　(　　)
射门成功率	70%(含)以上　　　　(　　) 60%(含)以上　　　　(　　) 50%(含)以上　　　　(　　) 40%(含)以上　　　　(　　) 40%以下　　　　　　(　　)
拦截、抢断成功率	70%(含)以上　　　　(　　) 60%(含)以上　　　　(　　) 50%(含)以上　　　　(　　) 40%(含)以上　　　　(　　) 40%以下　　　　　　(　　)
跑动距离	12000 米(含)以上　　(　　) 11000 米(含)以上　　(　　) 10000 米(含)以上　　(　　) 9000 米(含)以上　　(　　) 9000 米以下　　　　(　　)
跑位准确性	很高　(　　) 较高　(　　) 一般　(　　) 较低　(　　) 很低　(　　)

指　　标	等　　级
威胁性传球成功率	70%（含）以上　　　（　　　） 60%（含）以上　　　（　　　） 50%（含）以上　　　（　　　） 40%（含）以上　　　（　　　） 40%以下　　　　　　（　　　）
创造和把握机会的能力	很高　（　　　） 较高　（　　　） 一般　（　　　） 较低　（　　　） 很低　（　　　）
1.2 比赛纪律表现	
比赛中精力集中、敢打敢拼的程度	很高　（　　　） 较高　（　　　） 一般　（　　　） 较低　（　　　） 很低　（　　　）
比赛中认真贯彻教练的作战意图的程度	很好　（　　　） 较好　（　　　） 一般　（　　　） 较差　（　　　） 很差　（　　　）
比赛中团队协作意识	很好　（　　　） 较好　（　　　） 一般　（　　　） 较差　（　　　） 很差　（　　　）

续表

指　　标	等　　级
1.3 球迷媒体评价	
球员个人技术	很好　（　　　） 较好　（　　　） 一般　（　　　） 较差　（　　　） 很差　（　　　）
敬业表现	很好　（　　　） 较好　（　　　） 一般　（　　　） 较差　（　　　） 很差　（　　　）
综合印象	很好　（　　　） 较好　（　　　） 一般　（　　　） 较差　（　　　） 很差　（　　　）
2. 训练指标	
2.1 技战术表现	
技术表现	很好　（　　　） 较好　（　　　） 一般　（　　　） 较差　（　　　） 很差　（　　　）
战术意识	很好　（　　　） 较好　（　　　） 一般　（　　　） 较差　（　　　） 很差　（　　　）

指　　标	等　　级	
2.2 体能表现		
一次通过	是(　　)	否(　　)
一次补测通过	是(　　)	否(　　)
未通过	是(　　)	否(　　)
2.3 纪律表现		
出勤率	95%(含)以上　　(　　) 90%(含)以上　　(　　) 85%(含)以上　　(　　) 80%(含)以上　　(　　) 80%以下　　　　(　　)	

运动员姓名：＿＿＿＿＿＿＿　　　场上位置：＿＿＿＿＿＿＿

指　　标	等　　级				
	很好(高)	较好(高)	一般	较差(低)	很差(低)
比赛中个人技战术发挥的效果	(　　)	(　　)	(　　)	(　　)	(　　)
比赛中精力集中、敢打敢拼的程度	(　　)	(　　)	(　　)	(　　)	(　　)
比赛中认真贯彻教练的作战意图的程度	(　　)	(　　)	(　　)	(　　)	(　　)
比赛中团队协作意识	(　　)	(　　)	(　　)	(　　)	(　　)

三、运动员辅助指标评价表

运动员姓名：_____   场上位置：_____

	指　　标	标　　准	得　分
荣誉 加分	入选国家队 入选联赛明星队 联赛当场最佳 俱乐部嘉奖	分 　分 　分 　分	
违纪 扣分	红牌次数 停赛次数 中国足协通报次数 训练缺勤次数 训练迟到次数	－　　分/次 －　　分/次 －　　分/次 －　　分/次 －　　分/次	
出场时间 比率	全队比赛指标得分均值×出场时间/比赛总时间 很好($\bar{x}$+1.28S)、较好($\bar{x}$+0.52S)、一般($\bar{x}$)较差($\bar{x}$-0.52S)、很差($\bar{x}$-1.28S) $\bar{x}$为全队比赛指标得分均值 S为全队比赛指标得分的标准差	总分值：　分 等级（　　） 很好（　　） 较好（　　） 一般（　　） 较差（　　） 很差（　　）	
停赛补偿	全队比赛指标得分最小值×80%（三场以内），以后每停赛一场，按10%递减，即70%、60%、50%……	比例： 80%（　　） 70%（　　） 60%（　　） 50%（　　） 40%（　　）	